翻轉學

富能量思維

從負債千萬到億級事業，
打造谷底翻身、持續成長的致勝系統

陳炳宏 著

目錄

好評推薦	5
推薦序　共善共好精神的成功之道／呂德財	7
推薦序　親眼見證富能量的影響力／李豐源	9
感恩序	11
前言　為自己打造富能量電力公司	13

第1章　從觀察到行動，在逆境中走出勝局

01	觀察力就是轉機力：在生活中培養創業眼光	20
02	三千元創業起步：靠本事賺出第一桶金	32
03	從千萬負債中重生：現金流是企業的氧氣罩	39
04	市場蛋糕擺在眼前，如何吃到對的那一塊？	48
05	地段差又如何？用創意翻轉冷門建案	55

第2章　與人共好，讓價值放大成影響力

06	打造個人品牌：從策略定位到類別創造	66
07	小吃攤變千萬生意：「富能量」創造排隊效應	76
08	換個視角，就能從廉價走向高利潤	86
09	創業不是單打獨鬥：打造可複製的生態圈	91
10	咖啡熱情如何變黃金？經營一場共好的品牌實驗	102

第 3 章　失序時代，人人必須具備富能量

11	什麼是富能量？不只是正能量的升級版	108
12	「了己四訓」找回命運的主導權	120
13	人型桌遊，找出自己的定位和局勢	130

第 4 章　打造內外兼具的富能量體質

14	正財之道：穩住你的收入基本盤	152
15	脫困之道：破解敗局與困局的解藥	173
16	提升之道：從困局中找出穩定的行動節奏	190
17	家業之道：讓家庭成為你最強的能量場	206

第 5 章　從生活日常中累積富能量

18	家，是富能量的起點與歸屬	220
19	職場，是鍛鍊實力與價值的好場所	232
20	日常習慣，是活用富能量的最佳練習場	248

第 6 章　從內耗到共贏的行動策略

21	富能量自我診斷：找出你的能量層級與突破關鍵	264
22	洞察根本：富能量的局勢分析法	272
23	逆境結善、順境傳富：善用資源，回饋社會	286

目錄

| 24 | 6富金字塔：打造你的人生電力公司 | 295 |
| 25 | 實現多贏的富能量生態圈 | 301 |

結語　擺脫負向，迎向富能量人生　　309

學員造富分享

❶ 把志業變系統，影響力走更遠／王贈凱　　30
❷ 對的能量，會打開你的未來／鄭賢賓　　45
❸ 靠「富能量」翻轉人生與格局／黃祥集　　73
❹ 從谷底到破億，做到共好共贏／比利　　84
❺ 利他，才是最高級的利己／林宸帆　　100
❻ 從一個人的努力，到一群人的共好／王婷　　117
❼ 從藝術教育打造富能量／Tracy　　149
❽ 讓自己發電的轉化旅程／阿克　　171
❾ 放大自己專業，成為共好的力量／魏廷宇　　187
❿ 我在富能量找到人生新局／廖曉莉　　216
⓫ 放下空虛成就，與富能量同行／鍾佑瑋　　229
⓬ 在富能量找到「被看見」的舞台／薛人瑋　　245
⓭ 成為自己人生中的那束玫瑰花／李和原　　261
⓮ 用一雙手洗出富能量／江佳玫　　269
⓯ 利他的力量，不再孤軍奮戰／謝鷹桃　　284
⓰ 創業陪跑，也走出自己的光／劉鈞軒　　292
⓱ 富能量，一場人生經營的修煉／韋幸均　　307

好評推薦

「我始終相信,成功無法複製,但好的態度可以學習;而真正持久的成功,不只是能力,更是內在能量的管理。這本書不是教你快速致富,也不是要你拚命向前,而是邀請你停下腳步,看見自己每天的選擇與能量流動,如何悄悄決定了你成為怎樣的人。炳宏老師用行動實證了一件事:當你學會在困境中不耗損、在挑戰中不內耗,富能量就會成為你最可靠的底氣與磁場,吸引財富、連結貴人,開創屬於自己的路。我特別欣賞書中那些實際可行的練習,簡單卻直指本質。這本書是我會送給團隊、朋友與自己的行動指南。」

—— 余湘,智邦投資股份有限公司董事長、
知行者管理學院創辦人、媒體教母

「炳宏老師對人生的深刻理解,帶領我們從負能量,走向富能量,最終昇華為賦能量。真正的大道,不在繁複,而在至簡。」

—— 黃晨皓,「阿金人生進化中」共同創辦人

推薦序
共善共好精神的成功之道

—— 呂德財，崑山科技大學企業管理研究所所長

  我與炳宏老師結緣於他從中國回台重新創業的階段，當時曾邀請他到本系演講。演講內容令人驚豔，跳脫傳統、大膽創新，每個作品與案例都令人難忘且深刻。

  這是我對老師的第一印象。

  回台後，炳宏老師原本想從台南出發，開始經營他的培訓事業，並有意與母校崑山科技大學合作。但因學校體系受限於許多法規，加上南部教育培訓風氣不夠熱絡，最終作罷。

  沒想到短短三五年，老師不僅成為台灣培訓業的名師，數千位學員都是來自各行各業的優質負責人，這些學員對老師的黏著度極高。炳宏老師若非真材實料，絕無法達成如此成果。

  不僅如此，老師還建立了創業學院與贏商會，讓學員結訓後能持續相互學習，並落實課程理念，建構創業生態圈，推動「從我到我們」的共善共好精神。

令我最讚嘆的是，目前整個創業學院及贏商會系統已相當龐大，但老師仍是獨自一人，連特助都沒有。我不知道他如何應付這麼多的工作量。但儘管工作繁忙，老師依然保持從容優雅。他說：「我建構的是一個能自我運作的系統。」令我非常佩服與敬仰。

出於好奇，我開始參加炳宏老師的課程。第一堂便是「富能量」課程，這再次讓我驚訝不已！這是我認識的第一位企業顧問講師，會提到家業與事業雙修，甚至認為唯有家業成，事業才能成功。我原以為創業路上只能聚焦資金、技術、領導、團隊與商業模式等商場技能，所有面向無非指向企業獲利與版圖擴張。**沒想到商場成功之道竟能公開宣揚利他、善的循環、夫妻和諧與孝順父母，並將這些理念結合於「富能量」的重要架構中實踐。**本書完整論述了這一想法。我拿到書後，一天便讀完，真是暢快！

崑山科技大學企業管理研究所，有幸與炳宏老師合作開設產業碩士班，並聘任他為任課老師。我也在此時更深刻認識他。陳炳宏老師不僅是創業導師，更是我的生活導師。讓我們一起跟隨老師前行！

推薦序
親眼見證富能量的影響力

—— 李豐源，資本圈天使會創辦人

在創投領域多年，我們習慣於從數據、模型與產業邏輯中尋找潛力企業的蛛絲馬跡，但有些力量，雖難量化，卻無比關鍵——那就是一位創業者面對困境時的心態與行動力。陳炳宏院長，正是這樣的實踐者。

我與炳宏院長結識於天津，彼此在資本與孵化新創的領域各自耕耘，亦惺惺相惜。他在台灣創立「贏商會」、「創業學院」系統，我有幸見證其從零起步、穩紮穩打。

回到台灣初期，他正面對從中國合作失敗所帶來的挑戰，卻沒有抱怨，也沒有停下腳步，而是主動重整方向，積極展開新的起點。在那段時間我們有一些協助與交流，但真正讓他能走到今天的，始終是他自己內在的信念與行動力。他擁有極高的執行力與感染力，總是以樂觀、爽朗的態度面對每一個挑戰，並且對學生與夥伴充滿責任感與珍惜。

這些年來，他陪伴無數創業者從 0 起步，走出屬於自己的方向。不同於坊間許多商業課程「上完就結束」，炳宏

 富能量思維

院長始終以實際行動支持學員，協助他們對接資源、調整策略，甚至彼此之間也逐漸形成創業的夥伴關係，這是非常難能可貴的。

這本《富能量思維》，不只是一本關於思維轉變的書，更是一套可實踐、可複製的創業行動指南。對正在創業或準備踏出第一步的朋友而言，這本書將帶來實用的架構，也是一股真誠而穩定的支持力量。

感恩序

感謝每一位在我生命中出現的貴人，正因為你們的成全，我才能累積足夠的力量與智慧，完成這本承載深厚信念的著作。

感謝我的父母，賦予我生命與智慧，更培養我一顆願意利他的心。

感謝我的另一半，始終如一地支持我，讓我在面對任何挫折時，始終能心無旁鶩、勇敢前行。

感謝姨父羅昆丁與阿姨羅隨珍，他們無私的愛，為我打開了智慧與慈悲的門扉。

感謝舅舅羅文德，他的大氣與風範，教會我如何經營人際、拓展格局。

感謝所有家人，在這個充滿溫度的大家庭裡，我學會了理解、包容，也領悟了許多深刻的人生道理。

感謝李芳萍大姊，因為她的接納與引領，讓我得以踏入廣告這條路，一走就是三十年。

感謝洪幼龍老師，慧眼識人，在我五十歲回到台灣的關鍵時刻，協助我開啟了全新的教育事業。

感謝崑山科技大學呂德財所長，有他的支持，才有今日的連鎖經營產業碩士班，讓更多創業者得以系統化學習與成長。

感謝贏商會祕書長曉莉、副祕書長幸均、Tracy、若儀、教育長麥哥，以及眾神隊友、幹部夥伴與全體分院長，是你們的堅定同行，讓「富能量」不只是一種個人力量，更成為一場影響他人的能量運動。

感謝本書的編輯團隊，協助我將生命經歷與實戰智慧轉化為具體文字，讓「富能量思維」得以廣泛傳遞、照亮更多人的創業之路與人生旅程。

最後，再次感謝所有成就我生命歷程的貴人，你們的陪伴與支持，不僅成就了現在的我，更促成了這本書的誕生。願這份富能量，持續流轉，共好共贏。深深感恩！

前言
為自己打造富能量電力公司

你曾經有過無路可走的念頭嗎?
曾經,我也以為自己再也翻不了身。

這是我親身的經歷,書中詳盡敘述我從負債 700 萬元到事業巔峰的逆轉故事。那時候,我背負著 700 萬元的債務,每天早上睜開眼,就被龐大的壓力壓得喘不過氣來,凡事精打細算,連一杯咖啡都覺得奢侈。但就是在這樣谷底的時刻,我突然醒悟:**凡是不能令我至死的事物,必能使我更加強大。**

幾年後,我不但還清了所有債務,還打造出自己的企業、團隊,我能從負債 700 萬元,走到今天的事業巔峰,靠的不是運氣,而是「富能量」。

「富能量」讓我每天可以很從容地面對每一件事,穩穩地處理生活裡的大小事。對我來說,這就是一種圓滿。

所以,低谷絕對不是終點,反而是人生重新定義自己的機會。重要的不是你現在哪裡,而是你願不願意重新開始。

 富能量思維

以前我當廣告人，歷經負債、清償，到現在站上演講台、出版書籍，甚至幫助無數人突破人生的瓶頸，走到「富能量學第一人」的這個位置，我覺得我真正找到了自己想要的生活方式。現在的我，不只是物質上穩定，內心也很富足，那種飽滿和平衡的感覺，真的很棒。

有時，我的學生來台南參加課程後的體驗活動，我開車去接他們，他們看到我的車都會很驚訝，會問我：「老師，你怎麼開這台車？」其實，這是一輛很舊的 SUV 休旅車，車內也很亂，因為我太太常用那輛車，東西塞得像移動倉庫一樣。很多人會問我為什麼不換一輛新車，我都笑笑地說，其實不是不能換，我隨時都可以買一輛新車，不換是因為換了反而不快樂。一旦換了新車，我就會開始在意車子的整潔、不讓太太亂放東西，我們可能會因此發生爭執，結果反而是花錢買煩惱，不值得。

相反地，我買重機，把錢花在讓自己開心的事上，騎重機太太無法要塞滿雜物，我也可以一圓年少時的夢想，這是一舉兩地的圓滿。

隨著年紀增長，我不再追求那些外在的表象，反而更重視內心的平靜和生活的本質，那是一種反璞歸真、追求素質的心境。因為我發現，**真正重要的，是內心有沒有力量，是否從不從容。你可以問問自己：我現在過的是不是我真正想**

要的生活?

現在的我,正活出自己真正想要的樣子。這麼多學生、朋友,看到他們因為我的陪伴和教導而改變人生,我覺得這就是最大的成就感。社會也給了我很多正向的回饋。曾有人問我怎麼定位我自己?是老師、醫師、企業家,還是心理輔導師?我說,我是「善財童子」——不只是物質上的財富,而是希望能帶給大家真正的善和祝福。

「富能量」比「正能量」更重要

我們常常聽到「正能量」,但是我要告訴大家,「富能量」比「正能量」重要。每件事都往好處想、樂觀、積極是「正能量」。但你有沒有發現,理想很豐滿,現實很骨感,有時候再怎麼想得正面,現實還是會讓你感到無力?

但是擁有「富能量」就不同了,**「富能量」不只是情緒上的樂觀,而是一種內外兼具的「能量狀態」**。「富能量」有三個層面:

1. 當你有好的生活習慣、情緒管理能力,面對壓力不會崩潰,反而知道怎麼調整,恭喜你,此時的你已經進

 富能量思維

　　入**「身心穩定」**的富能量狀態。
2. 當你不需要為了三餐煩惱，能夠自己決定生活的樣貌，擁有選擇的自由。恭喜你，此時的你已經進入**「經濟獨立」**的富能量狀態。
3. 當你不只顧好自己，還有能力影響他人、幫助別人，讓自己活得有意義。恭喜你，此時的你已經進入**「價值輸出」**的富能量狀態。

　　如果「正能量」像是一個好天氣，讓你心情好；「富能量」就是那個讓天氣好的太陽，太陽本身就有力量，就算外面下雨，太陽一出來，雨就停了。有「富能量」的人，下雨天不但自己有傘能撐、還有能力借傘給別人。「富能量」就是這樣強大、強大到吸引內在力量與外在資源，這兩者宛如最強而有力的後盾，能長期支撐你的選擇、實現你的價值。

　　所以，**與其每天強迫自己「加油」、「樂觀」，「正能量」思考，不如讓自己變得更有「富能量」，更有底氣走過人生低谷。**

　　「富能量」是一種在看透世界後，依然選擇溫柔的力量。當你擁有這份能量，就不會輕易被名利綁架，也不容易陷入比較和焦慮裡，而是從內在自然生長出的力量，讓你對生活有掌握感與安心感。

前言　為自己打造富能量電力公司

　　在金錢上，花得安心、存得有意義；在家庭中，不是拿經濟貢獻去換取地位。而是更懂得陪伴與傾聽，清楚情感的連結遠比物質的堆疊來得深刻而持久；在工作裡，願意精進，願意創造價值，事業與家庭雙修。

　　「富能量」帶來「真正的富足」，不僅要讓自己變好，也要將這份經驗傳遞給他人，這種「傳富」精神就是一種行善，也是我寫本書的目的。

掃碼 QR Code 輸入「從心啟動富能量思維」，
就有機會與陳炳宏老師面對面學習！

★★★

第 1 章

從觀察到行動，
在逆境中走出勝局

 富能量思維

01 觀察力就是轉機力：
在生活中培養創業眼光

我出生於農村家庭，父親是芒果農，農夫是靠天吃飯，家裡生活相對清苦。我是家中老么，常見到父母為哥哥姊姊的學費發愁，母親為了增補家用，在村裡開了一家鞋店，我六歲時，就開始幫母親照顧鞋店生意，想辦法招攬客人。

母親這家小店雖然規模不大，卻是村子裡的第一家鞋店，也成了我人生中的第一堂商業課。我對於周圍發生的事物格外敏感，經常觀察母親如何與顧客交談，如何巧妙地引導顧客購買最適合的鞋子，這是我最早接觸生意的經驗。

富能量的起點：創造價值換取回報

國中時，因為學校需要學生自帶便當，許多同學的便當

常因隔夜存放而味道不佳。我觀察到這一點,於是提議幫大家訂便當。每天第三節下課時間,我就開始幫同學訂便當,後來,我的便當生意擴展到整棟大樓,我們班那一整棟樓的人都找我訂便當,我一天要訂三四百份便當,我還招攬一個便當小隊,幫我一起抬便當。

就這樣,我不只每天有一份免費便當,還能多賺 25 元。從國中我就開始找賺錢的門路,國中就沒有再跟家裡頭拿過錢,都是自己賺錢養活自己,然後一路到現在。

理科劣等生,卻培養出超級邏輯思維

我專科學的是電機,這個科系其實很不適合我,但以前是大學聯招,考上什麼讀什麼,不像現在依據自己的喜歡有很多選擇。我是個不愛讀書的人,進入專科後,開始嘗試賺更多的錢,那時專科生最愛的就是聯誼,我就和朋友搞舞會,靠賣票和飲料賺錢。我認識一些女性朋友,她們幫我號召女生,我只要租場地,然後賣票給男生,一張票 100 元,女生不用錢,就這樣,一個晚上就可以賺好幾千了。

我還擺地攤,賣複製畫,那時沒有著作權的概念,有位日本插畫家(有色彩魔術師之稱的永田萌)他的作品非常流

行,用色繽紛專畫精靈,作品蔚為風尚。看到這個流行,我就去舊書攤翻找他的畫冊,裁切裡面的作品試圖裱框販售。因緣巧合,我認識了一個擺地攤的大哥,他是美術系的,教我如何裱畫,我就去買斜口刀自己裁,按照他教我的方法,做出典雅的裱框畫。

當時,永田萌正版畫冊差不多市價新台幣 1,500 元,我買一本盜版畫冊只要新台幣 300 元,大大小小可以做出差不多 50 張,利潤很可觀,算算我的成本一張不到 5 元,可以從 50 元賣到 100 元,最貴的可以賣到 200 元。於是就專注投入這項生意,我挑選的作品都很漂亮,配色很討喜,擺到台南最熱鬧的中正路、博愛路(現在改名叫北門路)這兩個地方賣非常受歡迎。當然,有時候要躲警察,我還為此專門設計一張帆布,4 個角打洞穿繩,一嗅到風聲,繩子一拉就往巷子跑,收攤只要 2 秒。

複製畫的生意好到我必須建立一個小型生產線,由我負責選圖,第二關負責襯紙粘貼,第三關做背景,第四關是做襯紙糊邊線,最後一關要覆蓋保鮮膜,然後把它吹鼓,這一關最為重要,也是由我來操刀做好品質把關。我做一件事情喜歡顧頭顧尾,複製畫從買畫冊、選圖、裁切、裱框、加工成裝飾畫出售,自己設計出生產流程,我還到裱框店收集老闆的下腳料再利用,以便節省成本創造利潤。因為我身邊的

同學都跟我一樣不愛讀書，我就號召大家來掙掙錢，這樣大家有宵夜吃，假日可以出去玩。我擅長組織安排調度，讓每個人各安其位，各得其利。

基本上，從專一到專三我都是在玩，辦活動、辦舞會、速食店打工都是我的日常。專四專五就是擺地攤。電機，當然是學得一塌糊塗，專科能畢業真是老天爺保佑。我很早就發現自己選錯科系，我自己喜歡跳出框架，喜歡靈活的水平思考，理工科大多都是垂直思考，框架特別多，雖說課業不好，但理工訓練卻帶給我極大的幫助。我記得有一門課叫做「計算機概論」，這是寫程式的入門課，是一套非常邏輯的學習，邏輯概念對我後來做廣告幫助極大，廣告人幾乎都是水平思考易放難收，但我很容易就會把想法聚焦，變成一套可執行的方案。

堅持初心，放棄高薪

專科時，我就隱約明白自己的發展方向。我發現自己更傾向於創意度強的行業。退伍後開始找工作，我的第一份工作其實是有點難以抉擇的：我進入台南一家平面攝影公司工作，主要幫客戶拍攝產品並進行平面設計。薪資只有新台幣

富能量思維

6,000元，對剛入行的我來說，這是一個實現夢想的起點。

在選擇這份工作之前，其實我還有另一個機會 —— 一家建設公司正在招聘業務人員，並提供了誘人的薪資條件。這家公司主營業務是靈骨塔，吸引了約150人參加面試。所有應試者都必須參加三天培訓，培訓第一天，我選擇了一種不同的自我介紹方式，一般人自我介紹多是交待自己的生長背景、學經歷等，我在台下聽了無趣，就想來點新奇的，所以一上台，我就開始講故事：

> 各位，來這裡之前，我一直都沒睡好。因為昨天晚上，隔壁的夫妻吵架，吵得我一夜沒睡，所以奉勸各位，你一定要好好善待自己的另一半，要不然，會造成別人的困擾……

台下哄堂大笑，抓住大家注意力之後，我才開始把自己介紹出去，我很快就吸引主考官的注意，在自我介紹的環節脫穎而出；第二天他們出了一個考題：如何讓一塊丘陵地發創造最大價值？現場所有人都矇了，只有我大膽提出可以先利用廢土填充賺到一桶金，再將已被填平的土地用來建造靈骨塔。這個回答既實際又具創意，博得主考官眼前一亮。但是第三天我就沒有再去了，我左思右想，覺得這行業不是

我真正想要的方向,卻沒料到,第四天祕書竟然打電話通知我,表示總經理非常欣賞我的表現,希望內定我為儲備幹部之一,起薪高達新台幣 50,000 元。

這份從天而降的禮物,對剛出社會的我來說,無疑是極大的誘惑,然而思考再三,我還是放棄了高薪,聽從內心的聲音去追尋廣告夢。這段經歷不僅是選擇工作而已,更是一場自我認知的考驗。從此,我的職業生涯開始了一段與廣告相伴的旅程,這份初心始終未曾改變。

不甘現狀,一再打破天花板

在台南那家小公司工作幾個月後,我感覺自己已經到了學習的天花板。雖然我為公司帶來了可觀的業績,但公司本身的規模與資源限制,讓我無法接觸到更大的品牌或更優秀的專業人士。基於對成長的渴望,我知道須勇敢地做出改變了。於是,開始尋找下一個目標。

離開台南那家小公司後,我在台北一家廣告公司擔任業務(Account Executive, AE),靠朋友的幫助住在簡陋的住所,開始了新生活。那時起薪僅 15,000 元,生活十分清苦,我住在台北的吳興街,那時這一區尚未被開發,也還沒

有蓋101大樓，當時甚至被稱為「台北最大的貧民窟」，全是外地人聚集的出租房。房子多是簡陋的木板隔間，沒有什麼隔音效果，我租的地方，八九間房共用一個浴室和廁所，沒有冷氣還擁擠不堪，房租每月還要5,000元，月薪才15,000元，單是房租就占了收入的三分之一。雖然條件如此艱苦，但對於當時的我來說，這樣的生活是為了更大的夢想，我的目標十分清晰：迅速成長，累積經驗。

為了提升自己，我每天提早半小時到公司，研究當天的《經濟日報》和《工商時報》，標記有價值的商業資訊，將其剪報整理成冊。我利用這些資料主動聯絡潛在客戶，開發新業務，為公司帶來了可觀的業績。

隨著經驗的累積，我又不滿足了，試圖接觸更大的廣告公司。

找工作是一種雙向匹配。我會先思考，當進入這家公司後，我可以扮演什麼樣的角色，為公司帶來什麼樣的價值；同時，我也會列出自己想學的技能，以及希望公司能提供什麼樣的資源和養分。因此，**每一次轉換跑道，其實都是一次重新審視目標的過程**。我的履歷從來不是隨意拼湊的文件，而是一份精心打造、帶有主題特色的個人名片。履歷不僅僅是我的簡歷，更是一次個人品牌的展示。為了確保我想要進去的公司，我的履歷總是試圖打動對方。當然，背後的祕訣

是要對每一家目標公司的深入了解。

了解越多，成功的把握就越大。舉例來說，我曾經遞交一份履歷，是以「鋼釘」作為履歷的主題。鋼釘，在普通的外表下蘊含著無比的堅硬和韌性，而這正是我希望展現給公司的品質。我在履歷的首頁這樣寫：

> 此物俗稱「鋼釘」，堅韌不拔，能在任何環境中發揮價值。
> 如鋼釘般的我，擁有穩定的核心與無懼挑戰的精神。

這樣的設計不僅與公司的需求高度契合，更成功吸引了老闆的注意。履歷中還包含自我分析，詳細展現我的能力結構與特長。我還針對過往在客戶開發中的實戰經驗，整理出一套邏輯清晰的流程，讓對方感受到我的專業與條理性。

就這樣，我進入了一家業界知名頂尖廣告公司——金華廣告，這家公司以日系管理體系見長，有一套嚴謹而細膩的營運方式，那時，我才知道，大案子是需要團隊運作的，我參與了如寶島眼鏡、最佳女主角等知名品牌廣告企劃，學會了如何操作上億規模的大型案子。

之後，我又進到另一家廣告公司，成為總經理特助。剛

 富能量思維

　　進公司不久，便為公司帶來了一筆五百多萬元的大案子——為某證券公司開幕活動做廣告。世事難料，當我主導的團隊完成所有活動後，卻遇上那家證券因為違約交割資金凍結的問題。原本板上釘釘是賺錢的項目，最終因客戶無法支付尾款反而讓公司蒙受損失。這件事讓我從業務明星快速殞落，地位一落千丈還被冷眼相待，最終，我決定離開，尋找新的起點。

　　輾轉進入了一家本土廣告公司，公司規模雖不如從前，卻讓我學到更接地氣的操作方法，並鍛鍊出整合企劃和提案能力。我逐漸能夠獨立撰寫完整的廣告方案，從創意發想到項目整合，完全可以全方位掌舵並親自操刀，一次偶然的機會，我的提案得到了業界一位大佬的高度認可，對方開出了誘人的條件邀我擔任頂尖外商 4A 廣告公司「創意總監」，那年，我才 24 歲。

　　這份鼓勵成了我下定決心創業的動機：既然能力已經得到認可，為何不提早實現自己的目標？所以，原本計畫 28 歲創業，因著廣告大佬的肯定與鼓勵，我在 24 歲那年正式踏上了創業之路，開始了自己的事業。

●富能量滿格法則●

　　耳不聽、目不明，是一種屏蔽力量，有如手機斷網，讓自己避掉許多資訊，越來越孤立匱乏。

　　只有眼觀六路，耳聽八方，打開幽暗心門，陽光才能照進來，一旦資訊湧進，富能量自然流轉。

　　先有進，才能篩，富能量是一種選擇的結果，就像淘金客，在過濾中建構出屬於自己褶褶生輝的世界。

 富能量思維

> **學員造富分享 ❶** 把志業變系統,影響力走更遠
> ——王贈凱(麥哥),生命覺察導師、
> 富能量社區創業學院講師

我是一位生命覺察導師,這些年來,透過一對一對談,陪伴超過 12,000 人找回人生方向。看似持續在幫助他人,但在每一次深層覺察後,我卻常問自己:這份使命還能做得更遠、更廣嗎?是否能在「志業」與「商業」之間,找到真正的平衡點?

為了尋找答案,我跨足兩岸學習成長,甚至踏上敦煌戈壁徒步之旅,渴望透過探索,建立屬於自己的系統與支持網絡。然而,越是深入,越能體會到 —— 光靠一己之力,終究有限。如果想要真正幫助更多人,我需要的是團隊、平台與系統的支持。

就在這個時候,我透過「贏商會」與「社區創業學院」結識了陳炳宏老師,也因此走進了「富能量電力公司」課程。當我得知老師懷抱著「傳富三萬家」的大願,正系統化推動「家業 × 事業」雙修雙贏的實踐路徑時,我心中驚覺 —— 這不就是我一直想做的事嗎?

從參與課程籌備,到實際走進教室,我親眼見證炳宏老師如何用心設計內容、真誠陪伴學員。他給的不只是方法,而是一套幫助人找回初心、整合能量的生命實踐系統。這樣的支

持，讓我感動，也讓我找到了未來的方向。

老師常說的一句話，我至今難忘：「當你有所成就時，一定要去成就更多人。因為你今天的成就，也來自於很多人的成就。」這句話，就像照亮我志業藍圖的一盞明燈。

就在我苦思如何集結夥伴、放大影響力時，老師不只給出方向，更主動邀請我共築舞台。他說：「麥哥，老師是搭舞台的人。我先起個頭，未來這個舞台，是大家的。」這句話，讓我看見格局，也讓我願意放下過去獨行的習慣，擁抱一個共創共榮的生態圈。

謝謝炳宏老師，讓我站上巨人的肩膀，拓展視野，將志業化為平台、使命轉為實踐。

如果你也正在人生與事業的十字路口徘徊，別再一個人苦撐。許多看似無解的難題，只要有對的導師與同頻的夥伴，就能找到出路。

加入我們，一起走進富能量的生態圈，把「我」轉為「我們」，共好共贏。

02 ｜三千元創業起步：靠本事賺出第一桶金

人家說創業要三個本：「本錢、本事、本業。」

我只有本事、本業，並沒有充分的資本，我的創業起步是從新台幣 3,000 元開始。

帶著兩年的台北經驗與資源，以及認識一個創意專業執行的北部團隊，我就能接案，無論是媒體發布、創意執行、影片拍攝、平面設計……憑著一股熱忱，毅然決然從大城市回到台南開公司，我的想法很簡單：**寧可在小池塘裡當大魚，也不願在大池塘裡當小魚。**

定位，就是優勢

和許多創業者一樣，我得先找到辦公場所。只有 3,000

元，能做什麼事？這筆錢不足以啟動公司，甚至連房租都付不起。

但是，我還是拚命找，終於發現了一處挑高的樓中樓，陽光普照，環境理想。那房租怎麼辦呢？

沒錢租房，對要創業的人來說簡直是不可思議，但對我卻一點都不難。為了有辦公室，我誠懇地向房東說明自己的創業計畫，很幸運地，我遇到的這位房東，他也曾經有創業夢想，但始終沒有動力，他被我的故事打動，最終決定支持我，讓我先使用房子，這位房東的成全，成為我創業路上的第一位貴人。

辦公室解決了，還有一大堆事待辦：證照、招牌、名片、桌椅……該從哪件事開始呢？我用身上僅有的 3,000 元，先申辦了一部電話。業務，是企業運轉的唯一條件；電話，是我拓展業務的唯一工具。

我的創業就從一部電話開始，我在簡陋的辦公室裡，坐在地板上打電話，翻電話簿，找報紙，打電話開發客戶。從找辦公室到業務開發，我真的運氣不錯，第一個月就完成了一筆 30 萬元利潤的業務。有了這筆收入，我才有印名片的錢，也立刻支付了房租，添置辦公室基本設備，並且完成公司營利事業登記。

沒資金想創業，首先要有「本事」，其次要從「本業」

出發，而且務必記得：No Sales, No Income，沒業績就沒收入，小資本創業不能靠本錢，得先要有業務，不然光是辦公室租用、招牌、名片……沒幾個月錢就花光了。

企業生存的核心理念，最重要的是找到自己的市場定位。然後是行銷能力搭配專業技能，創業資金只是用來啟動，就好像機車的引擎，一旦發動，馬力、機油……各環節都得跟上，機車要保持速度前進，就必須不斷供給燃料，這樣才能推動企業成長。

我給自己公司的定位是：「北部品質、南部價格」，提供台北高品質的服務，價格卻是南部市場能接受的範圍，這個優勢讓我迅速打開南部市場。加上我沒有聘請員工，全部自己來，營運成本極低。當時廣告業的標準服務費是 17.6%，我將價格壓低，確保獲利，很快就讓業務蒸蒸日上。

當時，我專注於業務開發，鎖定房地產領域，為多家大型房地產公司提供服務，那時台南幫都是我的客戶。這些客戶的廣告預算較高，為我創業初期的成功提供了穩定基礎，我的公司在台南的房地產界還算小有名氣。

24 歲創業，以 3,000 元起步，建立起有口皆碑的廣告公司，很快就賺到人生第一桶金。手邊有了一些錢，我開始將部分資金投入房地產相關的股票。

投資慘賠近千萬

當時,我一邊努力經營本業,一邊期待賺到「快錢」。因為想賺快錢,一腳踏入股票市場。

現在回想起來,「快錢」這二個字真是害人匪淺。

那時,我被自己的貪念驅使著,滿懷希望將資金投入股票市場。當時,誤信朋友報的股票名牌,不斷投入資金買進,大手筆買進的數量十分驚人,幾乎要拿下該公司成為董事一席。

我以為自己能憑藉朋友來路不名的消息翻轉人生,卻忘記自己對股票一竅不通。股票市場是喜怒無常的巨獸,沒有對該股票的公司深入研究,一下子資金就能成了打水漂。

連續的虧損,我安慰自己,這只是黎明前的黑暗,現在想起來,當時完全是在進行一場盲目的豪賭。一直到該檔股票下市,吞噬了我所有的資金,那時才猛然一驚,真正的清醒了!

投資失利帶來的巨額虧損,一下子就讓我背負了近千萬的債務。

現金流是氧氣罩

滿懷期待,卻抱來一堆廢紙。

為了爭取該公司董事,我拚命買進股票,銀行能借的錢都借了,還轉向地下錢莊融資,沒想到這支股票一文不值。

彷彿一下子掉進黑洞,伸手不見五指。這些壁紙帶給我的不僅僅是財務上的損失,還帶來活生生的教訓:

斷念,不是件容易的事。

欲望,就像一團滅不了的火,夾雜著人性的貪婪。現在回想起來,那時不知道是著了什麼魔,或中了什麼邪,別人怎麼勸說都聽不進去。或許初次創業就成功,讓我一股腦只相信自己。直到踢了鐵板才恍然大悟:風險這麼高,怎麼會沒看見?

清心,才能看見事情本質。

我開始過起還債的日子,那時的第一要務,就是先還掉棘手的地下錢莊高利貸。

很多朋友不敢置信我借高利貸還能脫身!因為借高利貸還不出來的下場,不是斷腳斷手就是家破人亡。為什麼會跟地下錢莊借錢?這跟我的「面子」有關。從國中開始我就自

立更生,不再跟家人伸手要錢。就連專科時期在外租房子、學費都是自己賺。我是一個能不麻煩別人絕不麻煩別人的人,錢這種事,跟銀行借貸付利息就好,當初會跟地下錢莊調頭寸,完全是因為被股票迷了心竅。

該怎麼辦?一下子股票全沒了,只有債務纏身。錢莊都是雨天收傘,我跟地下錢莊的老闆說:「你給我時間。」債主只希望收到錢,我給對方一個信心:「我不會跑,我會還錢。」**用換位思考,我先打好人際關係。**

至於「怎麼還」?很簡單,就是要「很會賺」。

我本業的賺錢能力還是滿強的,公司也還在運作,有現金流入帳。**現金流就是我的氧氣罩,如果拿掉,無法生存。**

我冷靜下來,理智的想了想,然後擬定出一套「還債計畫」,開始八個罈子七個蓋,挖東牆補西牆,讓資金靈活運用,終於花了一些時間還掉高利貸。

富能量思維

• 富能量滿格法則 •

對人要熱,對事要冷。

冷靜,才有理智。

理智,才能應變。

應變有三招:

1. 與人為善,換位思考。

2. 自強不自私,利他不損己。

3. 兩利取其大,兩害取其小。

富能量使我用理性平和的心態,對糟糕的處境做出了影響最小、最易解決的方案。

03 從千萬負債中重生：現金流是企業的氧氣罩

負債千萬能夠安然度過，完全是依賴現金流，現金流就是企業的氧氣罩，沒有現金流周轉，難以撐過這次的困難，雖然是花了一些時間解決債務，在過程中至少沒有賠掉信用，這是最值得慶幸的地方。

決定赴中國開創事業之前，我只剩下銀行借貸，這部分就簡單多了。這時來了一段小插曲：地下錢莊知道我要到中國發展，特地來找我打交道，暗示想要投資我。跟地價錢莊打交道無疑是與虎謀皮，我好不容易才擺脫掉，怎麼可能！

廣告是依附型產業

在南台灣的房地產廣告立有一足之地，卻因炒股慘遭滑

鐵盧。年輕時就是心大，錢來的太快，也容易去的快。有錢就容易作怪，朋友亂報名牌，自己一頭熱買買買，買不夠還跟銀行借貸、銀行額度借完了還跟地下錢莊融資，到後來股價從二十幾元掉到 2 元，最後下市，心都涼了，要甩都沒得甩，真的是踩到地雷股。

如果別人遇到這種事，真的沒有辦法可能會過不去，但我從沒想過自殺，因為我還有後盾，我的本業還在，面對這樣一個大洞，可以慢慢填平。從 27 歲到 31 歲，我都在還債。專心回歸廣告，公司業務量不斷擴大，為了獲利，我沒有聘請太多員工，公司最多人時也只控制在 10 位以內，公司營業額最高可以做到數千萬元。

我決定要往中國發展，其實有幾個原因：一個是台灣政治輪替，第一次綠色執政，我對政治比較敏感，兩岸局勢緊張，那時直覺台灣會進入到一個很不穩定的狀態，也就是因著這個氛圍，許多產業出走，對台灣經濟造成了不小的衝擊。

廣告業本身很容易受到經濟波動的影響，經濟不好時企業會砍廣告預算。面對產業出走、經濟疲軟、盈利下降、競爭加劇，廣告業的本質已經開始惡化。

一方面是環境因素，一方便是自己想出去看看，老實說當時我也做的不開心。我記得有個案子，絞盡腦汁提了超漂

亮的方案，回過頭來都還是按著老闆鼻子走，老闆說怎樣是怎樣。在金錢面前屈膝，很多專業不被尊重。

站在風口，豬也能飛

對著風，隨勢而行，才能生存。 如果廣告是船，產業就是水。沒有廣告預算，再好的廣告創意也有志難伸。當產業外移，隨著「風向」，我也必須調整策略。

有句話說「站在風口上豬都會飛」，「對著風」一直是我的現實生存法則。

產業出走帶來市場規模萎縮，再加上廣告預算縮減，同行競爭激烈，小型廣告公司生存空間受到擠壓，我當時已經嗅到廣告業要面臨的轉型和壓力，這些都促使我轉移戰場。

那時，太太家族有親戚在天津從事傳統產業，鑄鐵方面的相關的業務，我還債到了一個段落，只剩下來銀行貸款，要解決很容易。一方面是去探望長輩，一方面辛苦償債這麼久也該散散心，當然也順便去了解當地的廣告市場。

富能量思維

原來這才是答案

這趟中國行，意外解開了懸之已久的心頭疑惑。記得國中讀歷史的時候，我當時對國民黨失去中國退守到台灣這件事，一直感到不解：國民黨對日抗戰 8 年，怎麼國共內戰僅 4 年就退守到台灣？

隱約總覺得書本沒有完整地說出事情全貌，某些歷史真相被隱藏？透過與許多中國朋友交流，我慢慢拼湊出一些新的視角。其實真正的原因就在於：失去民心。

「得民心者得天下」，抗日結束後，民不聊生、百廢待興，國民黨喊出「三民主義統一中國」，無法有效解決民生問題。當時物價飛漲，老百姓吃不飽、穿不暖，國民黨又爆出腐敗、貪汙、爭權之事。共產黨順勢而為高喊「打土豪分田地」，一句話就吸引了底層百姓響應，工人、農民無不想階級翻身，哪個力量大？

這趟中國之行，對我來說收穫很大，也打開了更廣闊的視野。我向來看事情的角度比較深入，總希望能看得更透徹一點。為了摸清楚中國市場，我走訪了多個地方，從華北一路到華東，再到華南，包括：天津、北京、上海、昆山，最後到了廣東、深圳、珠三角。這趟旅程讓我對中國經濟的發展有了更深刻的感受。

經過深入研究，我發現中國經濟的發展軌跡其實很清晰，是一種「沿海經濟」逐步「由南向北」擴展的模式。從改革開放初期（1980年代），珠三角成為發展起點，帶動了廣州、深圳等地的快速崛起。到了1990年代，長三角地區（如上海及長江沿岸）成為新焦點。那麼，接下來將會是渤海灣（包括天津）會成為下一個經濟重點。

站在風口如何選擇

最終，我選擇將業務起步地定在「天津」。

很多人好奇，台灣的廣告業往中國發展，都是選擇上海或北京？怎麼我選擇「天津」？其實，當時我資金有限，選擇天津不僅是出於戰略考量，也因為這裡市場競爭相對較小，還是那句老話：與其在大池塘裡當小魚，不如在小池塘裡當大魚。

當時，中國非常歡迎台灣人過去，對台灣人開的公司非常友善，台灣的廣告專業也很受到歡迎和重視，就有點像看待外國企業般的新鮮感。

天津作為直轄市，擁有優越的地理條件和深厚的工業基礎，尤其是其不凍港 —— 天津港，不僅是北方最大的港口，

也是連結東北亞（韓國、日本）及三北地區（東北、西北、華北）的重要樞紐。

此外，中國有五年計畫的國家經濟規劃機制，當時正值「第十個五年計畫」，我有預感這列經濟發展的「列車」，必然會推動渤海灣的繁榮。

況且，當時天津當地幾乎沒有一家像樣的廣告公司，卻有許多大型企業，我看到了一個填補市場空白的機會。

看見海闊天空的市場，重新歸零出發，我是期待又怕受傷。面對前方的一片未知，東南西北都分不清楚，我只知道市場很大，我站在對的風口，正開始要起飛。

・富能量滿格法則・

人天生有一種弱點，喜歡人云亦云、隨波逐流，心理學稱之為「從眾效應」。

富能量帶給我一種內在的穩定力量，當風口浪潮一味追逐熱點，我反而專注於自身核心，建立起無法輕易被取代的競爭優勢。

> 學員造富分享 ❷ **對的能量，會打開你的未來**
>
> ——鄭賢賓，蔬理風水共同創辦人

我是鄭賢賓，來自一個經營 32 年的食品加工廠家庭。父親從魚漿、魚丸、鮮肉丸白手起家，打造出我們家族的一片天地。從小在工廠長大，我對「做吃的」這件事有著深厚情感，也深知經營企業背後的辛苦與責任。

當人生來到選擇的交叉點，我開始思考是否要承接家業。但內心總有個聲音不斷浮現：「如果只是照著舊路走，又如何創造新局？」一方面我不想辜負父母的期待，一方面也渴望活出自己的定位。

我選擇創業、學習行銷、打造個人品牌，但過程中經常感到卡關。資源分散、方向模糊，總覺得無法真正對準目標，那段時間我非常迷惘，想為自己與家族找到「下一步」，卻不知道該往哪裡走才是對的。

2023 年初，一次偶然的網路推播，我點開了陳炳宏老師的「創業贏家」直播。那時的我正徘徊在創業困境中，兩小時的講座，老師深入淺出的邏輯與實例，讓我深受啟發。我幾乎是毫不猶豫地報名了 3 月 6 日的實體課程，渴望從中找出生命與事業的解方。

這個決定，後來不僅改變了我的創業思維，也改寫了我的人生。

富能量思維

　　2024年2月18日,我跟隨學員們一起到老師家中的寺廟拜年。當天,一位學員向我介紹了現在的另一半——賴仟締。從相識、交往、求婚、拍婚紗到結婚,我們在短短三個月內走進婚姻,令人驚喜。

　　更特別的是,仟締來自茹素家庭,而我則出身於葷食加工產業。這樣的組合看似衝突,但「愛是一切的答案」。從認識她的第一天,我開始茹素,也展開了全新的生活方式。

　　這一切的轉變,其實源於老師課堂上那句話:「別想改變任何人,你只能調整你自己。」這句話讓我從想要控制結果,轉為調整自己,進而看見關係與生命的深層力量。

　　我也從老師的分享中學會:「千萬別在父母面前數落另一半的不是。」這提醒看似簡單,卻讓我更懂得家庭和諧的關鍵,也在彼此尊重中,走向更穩固的伴侶關係。

　　「別再單打獨鬥,連結我到我們」,這句話也徹底打開我對創業的全新想像。我開始積極尋求合作、結盟,建立共好共贏的生態圈。從過去一味依賴個人努力,到現在懂得整合資源、打造團隊,我終於明白:有時候你不需要自己撐住全部,只要找到正確的夥伴,力量自然會到位。

　　我與仟締攜手創辦的品牌「蔬理風水」,正是這一切經歷的延伸。我們希望透過蔬食結合風水的理念,讓飲食不只是果腹,更成為身心靈平衡的途徑。這家蔬食餐廳不只是創業起點,更是我們生活態度的實踐。

　　「夢想＋策略＋行動計畫＝美夢成真」——這不再是口

號,而是我們正在走的路。

　　如果你也曾覺得自己已經很努力,卻總是卡住,不是你不夠好,而是你還沒遇見對的人、對的圈子。當你站上對的位置,擁抱對的能量,你會發現,原來自己比想像中更有力量。

　　你不需要再硬撐,因為對的夥伴會給你方向;對的能量,會打開你的未來。

　　願你也像我們一樣,找到那束照亮你人生的光,成為自己,也成為別人的光。

04 | 市場蛋糕擺在眼前，如何吃到對的那一塊？

當蛋糕擺在眼前，我問了自己三個問題：

- 我想吃的，是哪一塊？
- 我怎樣才能吃到？
- 我吃完了這塊，下一塊在哪裡？

看見市場，就要跟自己不斷對焦。我在課堂上經常跟學員說：**第一件要務就是要找「定位」。**

如果大家都這麼做，自己也跟著做，那就完蛋了。為什麼客戶要選你？

在做定位之前，我一定會先田野調查，也就是做市場分析。尤其在進入新市場之前，一定要進行詳細的市場調研。俗話說：「不入虎穴，焉得虎子！」

我先找當地的廣告協會、廣告公會去了解一下天津廣告市場狀況，了解當地廣告市場的結構、競爭者類型、強項與弱點，一步步掌握自己想要的局。

　　老實說，一進去我就看傻眼了，天津有五千多家廣告公司呀！我去的那個時候，天津還很落後，一個這麼落後的城市，幾乎沒什麼發展，居然有這麼多廣告公司，剛開始我很納悶：怎麼做啊？

　　但是把這些公司歸納、仔細分析後，我是白擔心了，為什麼？天津的廣告公司最多就分兩類：一類專注於平面設計，另一類則以銷售媒體廣告為主，包括報紙版面、電視廣告、活動策劃等。很快，我就找到切入點。

　　我看到了自己的機會：與傳統設計和媒體廣告不同，我可以專注在挖掘品牌價值，整合平面設計與影像廣告，制定全面的市場行銷策略，這就是我的機會點所在 —— 策略先行，成為天津首家策略廣告公司。

　　策略廣告公司，這就是我的定位，我就切這一塊！

填補市場空缺，創造價值差異

　　當我以策略切入廣告市場，其他的平面設計、媒體購

買、行銷活動就只是小幫手,是策略衍生出來的產物。我將自己放在一個新高度:擬定策略,提供企業完整的廣告行銷解決方案,於是我成了廣告業最上游!

策略先行有一個核心價值:**廣告,是為銷售服務。**

這句話,不只是口號,更是信念的核心。

當時天津的廣告,還只是流於設計層級,做出來的廣告只要漂漂亮亮讓客戶滿意就好,至於為何做出這樣的廣告,講不出一個所以然來。

我當時大膽提出「策略先行」主張,跟著這個主張,制定了一套作業標準,專注於利用廣告幫助客戶提升銷售轉化率,這套標準後來成了業界常用的一套標準,影響了後來廣告公司的運作方式。

「策略先行」這家公司的業績一直很好,每年都能創造數億業績,直到疫情爆發我回到台灣才忍痛結束營業。之所以能夠有這樣好的成績,就是發現市場中未被滿足的需求點,以此作為切入點,專注幫助客戶解決問題、制定策略,而非僅僅提供設計或媒體服務,這種差異化定位,成了公司最大的競爭優勢。

跳出地球視角,翻轉冷門建案

我第一位房地產客戶,是個海歸派富二代。他在一個地段特別好的地方,蓋了一棟很奇特的住宅。因為他留法,喜歡解構主義,就請了一位法國設計師,蓋了一棟極為新穎稀奇古怪像龐畢度那種大樓,奇奇怪怪的外型遠遠讓人望之怯步,結果當然是乏人問津……

富二代很懊惱,跟我說沒人懂他的想法。其實說真的,那個大樓設計真不錯,不是傳統筆直的格局,而是東缺一角、西多一塊,但整體感覺非常優雅,有一種奇特的和諧。

很吸睛,卻缺金。富二代找過很多廣告公司來比稿,沒有一個入眼。後來聽說我們公司,就把我們找了過去。那時候我們還沒有做過任何一個房地產項目。但市場已經有些名氣,富二代跟我只聊了幾句話,就說:「能不能 3 天給我出個方案?」

中國商場都很狼性,不是因為信任,而是他要看實際內容。我心想:好,那就來吧!我說我要創造三個絕對沒有出現過的口吻跟表現形式:

1. **一炮打響**
2. **絕對高度**

3. 前所未見

回去之後，我就開始構思，開始推演，推出來好幾個點都不滿意，後來發現，我得跳出地球，從整個地表來看這棟大樓。我的思考一下子跳脫地球這個框架了，地球就是陽光、空氣、水……這些元素，很多符號語言都太老舊，不好找線索。跳開地球一想，宇宙、行星、太陽系都出來了，很多新奇的元素跑出來，我就開始以外星元素來延展，後來把這棟大樓用「外星文」的語言符號來塑造產品符號。

外星文的宣傳一出來就引起許多好奇，文案上寫著：「唉，地球的設計，不行了！」（見圖1-1）一堆人打電話來詢問：「你們在賣什麼？什麼玩意兒？這在說什麼？」兩天的時間，一千五百多通電話，引爆熱烈話題！這棟大樓的設計深植在大家心中，緊接著活動互動，有5個火星文讓大家猜意思，線索在哪裡？就在接待中心，可能是這個沙發的一角，可能是樣品屋的一處……一堆人開始找，找到有大禮，很好玩，我們也因此成了房地產互動式廣告的鼻祖。

這五個火星文其實是金、木、水、火、土，五行相生原理可能是外星文明，這樣一講，話題引爆，2天來了五百多組客人，現場都快被擠爆，結果售樓一開賣，一個小時就破了人民幣一億多元，快人民幣2億元！

圖 1-1　引爆熱烈話題的「外星文」宣傳

　　2005 年，天津樓房均價一坪米約人民幣六千多元，這棟樓賣到人民幣 8,000 元以上，比市價高出許多。現場極度火爆，連大門都被擠爆了，就是一堆人來搶。不要小看天津，不乏有錢人啊，就這樣，這棟大樓一炮而紅，我們公司也一夕爆紅，水漲船高，一堆建商打電話到公司找我。

富能量思維

不搶市場，而是讓市場找上你

　　這個項目，奠定了我在天津的地位。我在天津蹲了3、4年，這是第一件房地產作品，也是我一直在等待的機會。

　　這個機會是如何找到我的？

　　從一開始，我就把公司定位在金字塔頂端，因著「策略先行」的定位，我只做兩種項目：最貴、最頂尖、最高級的；不然就是最難賣的。

　　這個方向出來之後，普通項目其他廣告公司想怎麼搶就怎麼搶，我不理會也不參與，因為這不是我的市場，普通項目也不會來找我，定位就決定了我的方向！方向確立，心無旁鶩往我要的方向走，心自然又就跟著定了下來，所以對於一個經營者來說，**最重要就是心定，心定一切定！**

> **・富能量滿格法則・**
>
> 　　順與不順，有一個驚人的祕密：
>
> 　　「心態」與「時機」，前者來自內在，後者出於外在。
>
> 　　富能量會帶動這種內在與外在因素交互作用，用積極心態趁勢而為，順利造出自己滿意的局。

05 地段差又如何？用創意翻轉冷門建案

大家應該都知道，買房子最重要的就是：地段、地段、地段。

前文提到的外星文專案，地段好卻賣不動，原因是建案太新潮，一般人還接受不了，所以只要深度挖掘凸顯其價值，消費者看到優點，很快就銷售一空。

緊接著，我遇到了一個地段不好的建案，這時怎麼辦？

地段不好，就要「**創造需求**」。

這個專案，地段差也就算了，還是天津的首個「中式別墅」建案。那個時候，中國剛開放不久，老百姓對西方文化特別嚮往，感覺西方什麼事都新鮮，特別喜歡漢堡、喜歡洋味。

當時市場上主流的別墅類型是西式別墅，強調大敞開的設計與風格，講究開放與便利，送報生如果一丟，直接可以

將報紙丟到門前花園。而我面對的這位老闆,理想性十足,但曲高和寡,在市場一片追逐西方建築的時候,反其道而行,推出了中式別墅。中式別墅因為受到儒家文化的影響,注重「圍合」概念,院牆高,空間聚合,園林曲折隱現,體現了中國人含蓄內斂的性格,送報生如果報紙一丟,不會在大門口,可能會不知道掛在哪顆樹上或掉進池子裡。

結果,中式別墅開盤了半年,一套也沒有賣出。

找到我的時候,這位老闆的資金已經很吃緊了。不出幾個月,他的現金流就會出現問題,他很急,要我一個月內得引爆話題,帶動買氣。

這真是的棘手的案子。

回歸產品本質,創造銷售話語權

我左思又想,只能回歸產品本質,從中式別墅的優勢去提煉核心理念。

當時北京有一個很著名的建案 —— 北京蒙瑪(簡稱「MOMA」)這個建案以「恆溫恆溼」技術聞名,利用現代設備達到室內穩定的溫度與溼度,提升居住舒適度,當時在中國引起很大的關注。

抓到這個人心共鳴點，我念頭一轉，將之運用於這個建案。

中式建築的功能特點是「冬暖夏涼」，由於內庭院（中式建築的內圍合）的設計與前後窗通風，夏天可以形成氣流循環，實現降溫效果。冬天，院門一關，陽光照射進來。從上午10:00到下午2:30（東北的日照比較長），陽光會輻射到室內任何一個角落，冬天就比較溫暖。用這樣一個物理特性。我寫下：

夏天，把風關在家裡
冬天，把太陽圍在院子裡

就這樣，以「中國領先世界建築的祕密」，把北京蒙瑪的熱度蓋了過去：

「MOMA恆溫恆溼」，落伍了！
西方建築到現在才知道用科用器械來達到建築的恆溫恆溼，
中國人的老祖宗早幾千年就知道運用大氣運行調節室內溫溼度平衡。
這是中國領先建築領先世界的祕密。

「新風系統」是當時是主流啊！我創造了一個話題，讓中式別墅這個建案就是「天然新風與天然恆溫」：夏天氣流循環，冬天自然保溫！老祖宗早就知道運動太極原理，把髒空氣排掉，讓新鮮空氣進來，西方現在才在談這些觀念。

一下子，「MOMA 落伍了」（見圖 1-2）、**「再見，新風系統」**（見圖 1-3），**兩句話迅速炸裂整個中國地產圈！**

西方建築科學，在我們眼裡根本不值得一提，因為我們運用老祖宗兩千年的智慧能結合自然科學，輕易超越西方的現代建築！

於是，「中式建築領先世界一百年」的口號一下喊得震天響！大家驚覺：「哇，中國建築，確實了不起！」

我創造了兩個象形文字（見圖 1-4），引發市場的好奇與關注。又分波段舉辦競猜活動，逐步揭開產品建築的「祕密」。競猜有獎，送 10 萬元購屋金，後來還真有人猜出來，是一個小朋友，父母高興的不得了。其實那 2 個字是我們自己造出來的，字典裡根本沒有，不可能猜得出來，這位小朋友是在一位老師的引導之下，從意義中猜出來了：「氣溫」二字。（見圖 1-5）

第 1 章　05. 地段差又如何？用創意翻轉冷門建案

圖 1-2　MOMA 落伍了！

圖 1-3　再見！新風系統

富能量思維

圖 1-4　兩個象形文字，引發市場的好奇與關注

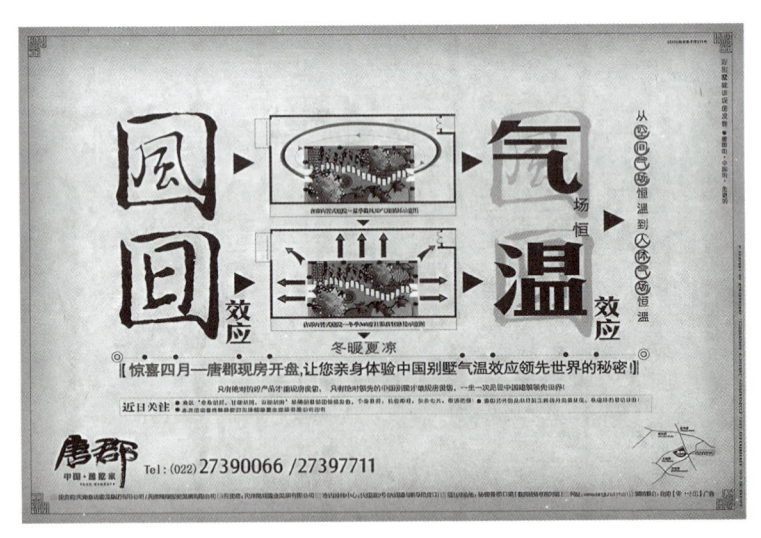

圖 1-5　氣溫效應

就這樣,透過重新包裝產品,這次專案成功化解了客戶的銷售困境,銷量從滯銷到搶手。

我還記得那是 3 月,3 月通常不是購屋熱潮,旺季是在 5 月,結果我們賣得特別好,成了當月天津所有建案銷售冠軍,單月就賣了三十幾套,賣得非常好。

競猜活動引爆之後,我又主導延伸出另一個地產新賽道——「文化地產」(見圖 1-6),將「中式別墅」推升至文化地產的新高度,於是我創出了住宅地產、商業地產、工業地產三大類之外的第四個「文化地產」的新類別!在這個類別裡,我可以談任何新概念、新標準、新語言,一切我我說了算!

圖 1-6　文化地產

這個「文化地產」類別的空前成功，也成了我日後創業課程裡「類別法則」這個極為重要課題的參考範例。

不良品也沒關係

再提一個跟地段無關的例子。

我曾經接過一個「爛尾樓」。爛尾，意即未完工或被棄置的建築項目。我仔細研究了一下，之所以爛尾，根源是設計不良。

在中國，90坪米（相當於台灣30坪的房子）以下的房子，統稱為「小戶型」，90坪米至少都要有「兩房一廳一衛」。這棟樓卻只設計成「一房一廳一衛」。由於設計缺陷，項目推出後，面臨產品滯銷、資金斷鍊、最後導致爛尾……這一爛就爛了5年！

後來有一家美國基金公司買下接盤，美國公司想法很簡單，就是快速回款、快速清盤、快速結案。但這個產品的致命傷，不是想賣就能賣掉的！

美商幾次踢到鐵板後，最終找上了我，我說：「只能下猛藥！」我的想法是**「打掉重練」，不是打掉樓盤重蓋，而是價值打掉重練，要重新創造價值情緒**。這個想法顛覆所有

人對房地產的傳統想像。

我提出了「好大的小戶型」這個完全顛覆小戶型的全新價值主張：

- 小戶型擁有大視野！90平米擁有別墅級高達8米採光。
- 小戶型擁有大格局！90平米坐落市中心且鄰近地鐵，掌握城市最優質資源。
- 小戶型擁有大變化！90平米框架結構設計，變化出三種不同空間機能，你可以選擇「美式享樂派」、也可以選擇「法式浪漫派」、更可以選擇「日式都會派」。

我重新界定了大家對「小與大的關係」、「小與大的衡定標準」、「小與大的價值評量」（見圖1-7）。瞬間，這棟樓的所有缺點都變成了優點，價值的轉化不只造成了市場高度關注，反向操作更讓許多人重新思考小戶型的價值。結果這爛了5年的樓盤，短短半年就實現了清盤，我的客戶也賺得盆滿缽滿！

富能量思維

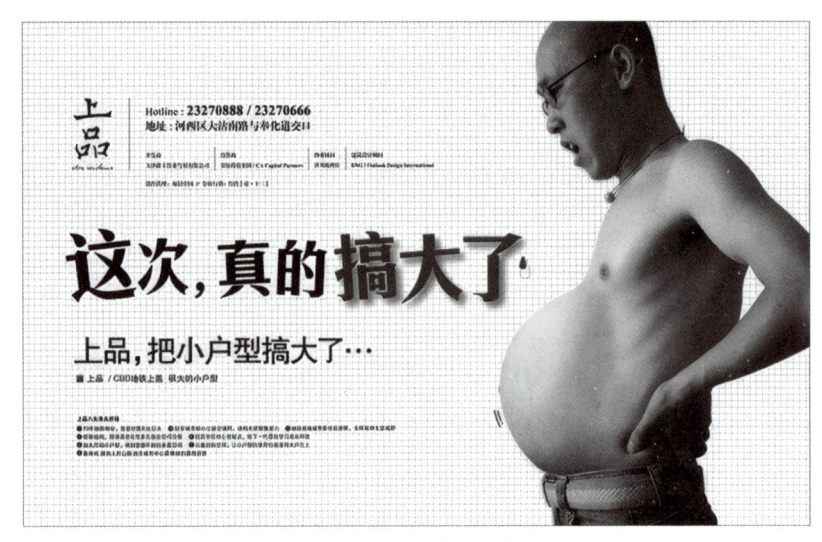

圖 1-7　這次，真的搞大了！

• **富能量滿格法則** •

「解決」，永遠是剛需。

富能量幫助我對人的心理有充分的理解與支持，將之與商業模式建構在一起，相輔相成，很快就能提供實現路徑，解決痛點。

第 2 章

與人共好，
讓價值放大成影響力

06 打造個人品牌：
從策略定位到類別創造

　　海歸派富二代的外星文建案，奠定了我在天津的地位。這個案子打下了我的收費行情，就是人民幣 180 萬元，相當於新台幣八九百萬元！比天津本地的廣告公司收費高出 3～5 倍，我在天津蹲了 3、4 年，等的就是這樣一個項目，但是，對方為什麼會主動找上門？

　　純粹是「慕名而來」。業界都知道有這樣一家從台灣來的廣告公司，價位服務都在金字塔頂端，普通建商不敢接觸，敢接觸的通常是有實力的建商。但是這些有實力的建商也不迷糊，我把公司推上這樣一個這麼高的定位，照理是需要有很強的歷年作品來支撐。然而初來乍到，怎麼可能有作品？台灣過去做過的，對他們來說，有跟沒有一樣。

名片，是最基本的行銷工具

創立初期，因為缺乏標誌性案例支持，我只能接一些小案，**儘管案子小，我始終堅持高標準、高價位、高品質，也因著這種不妥協的態度，開始在業界傳出名聲。**

因為公司名號響亮，富二代找上我，當時我就打定主意，要在他心中種下一個錨：知道我這家公司很不一樣。怎麼「不一樣」？就是建立與眾不同的市場形象，這些Know-How成了我回台灣後創建「贏商會」、「創業學院」的課程內容，本書會陸續分享。

當時，我把公司定位在「策略先行」，公司名取為「帝十三」。

為什麼叫「帝十三」？

沒錯，這是每一位看到名片的人都會問的問題。「帝十三」的背後意涵，其實是來自於我多年的工作習慣與經驗累積。每年，我都會整理自己和同行的成功案例，仔細推敲並總結成功策略，這樣的好習慣，幫助我累積了有近十年的珍貴資訊，之後，我將之系統化，成了一套名為「十謀三略」的方法論。

「十」代表解決市場定位和方向的十種方法；「三」直指三種市場攻略。「帝」則意味著：經由如此縝密規劃，

以十謀三略,可以幫客戶推到市場制高點,做到市場領先地位,然而「十」與「三」併起來正好是一個「王」字,意味經過我的十謀三略縝密的策略規劃,我們可以讓客戶成市場的帝王領導者,這就是「帝十三」!

每當客戶一接到我的名片好奇提問為什麼叫做「帝十三」,我的前述回答總能讓客戶讚嘆不已,進而對我們公司產生極高評價!**一個好的品牌確實能為你創造談話資本,更能為你創造極高的情緒價值!**「帝十三」就是一例。

「帝十三」的核心價值在於其獨特性與專業性,尤其能深入市場,做到其他廣告公司無法做到的層面,不僅制定宣傳策略,還能深入參與客戶的銷售培訓,確保廣告與銷售無縫合作。這種模式在當時不但開創了先例,也成功將廣告公司的服務價值,提升到高於原本市場的 3 至 5 倍。

創業成功三要素

「帝十三」做的項目各個精采,每個建案只要一進到市場,都讓大家驚豔,當時有很多同行都來我們公司考察,想知道我們怎麼有辦法做到這個樣子,能夠深入到企業內部,跟客戶一起討論產品、策略規劃。

其實，**做事情最根本的動力，來自於「做自己真正熱愛的事」**。當你熱愛一件事情，根本不需要外界的強迫或推動，你自然會全心全意地投入其中，努力朝著更好的方向前進。因為熱愛，你會主動去尋找方法，探索如何不斷提升，突破現有的界限。

升級再升級，就是從 A 到 A$^+$ 的優化過程，這種持續進步的追求，就是頂尖企業成功之路。簡單來說，創業要成功，首先牽涉到三個很重要的東西：

1. **快一步贏銷策略**（贏銷不同於中國營銷，未來會出版「贏銷」主題的書籍）
2. **生態圈**
3. **商業模式**

為什麼 95％ 的企業在創業前 5 年都會以失敗告終，主要原因跳脫不了以下幾個迷思：首先是，市場需求不足。沒有正確評估市場的需求，就推出產品或服務，當然導致銷售乏力。其次，若是進入競爭過於激烈的市場，未能打造差異化的競爭優勢，很快就會被市場淘汰。再加上，商業模式不清晰，缺乏明確的盈利模式或持續的現金流來源，沒有業務，當然無法長期營運。

就在「帝十三」品牌在房地產廣告領域聲名鵲起,團隊運作穩健,產品與服務深得客戶支持之時,我卻隱隱感到一絲不安,彷彿有一股暗流在悄然湧動,若隱若現。

洞察情勢果斷轉身

2008 年全球金融危機,各國無不使勁力氣讓經濟復甦。

當時,中國政府推出了一系列的經濟刺激政策,其中包括大規模的基建項目和房地產開發,「帝十三」在這個時期,以策略先行領先同行,建立穩定客群。

政策使得房地產市場迅速膨脹,政策支持下的結果是:只要通過貸款,人人看似都可以買得起房。那時,沒有什麼存款,只要是薪水階級,都能買房啊,因為貸款十分容易。舉例來說,「恆大集團」,中國最大的房地產開發商之一,在各省不斷蓋樓,以高額度貸款和高風險投資來推動旗下房地產業務,使得房地產價格不斷飆升。

當時,我已經感覺到市場供過於求,開始出現失控的現象。大家想想,到處都在蓋新大樓,建商與銀行開始提供很高的貸款額度,又鼓勵競價使得房價飆漲。結果是:建商忽視市場的需求與供需反饋,人們在手頭有限的情況下過度貸

款……在這樣的情況下，一旦市場發生變化，比如：通貨膨脹、企業裁員、房地產市場熱度降溫，老百姓馬上會面臨房貸斷頭或房屋法拍的狀況，而建商也會因為收不到錢，出現資金周轉、上下游資金斷裂、品牌受損的問題。

果不其然，市場開始失控，供過於求，加上 2019 年的疫情等不可抗的外力因素，一下子，中國房地產泡沫化！

早在 2015 年，我就預測到中國房地產市場一定會泡沫化，那時市場的表現太不正常了，空屋率高、房價卻仍然飛漲，供需嚴重失衡。從那時起，我就開始轉型，並在全中國僅有 119 人（我是其中一員）有資格群的「最牛廣告人」微信群，當初中國最頂尖的廣告人社群上，我提醒大家早做準備，及時退場。當時，許多同行不以為然，甚至覺得我在危言聳聽。結果，時間證明了一切。

疫情之後，恆大的財務問題開始浮現，引發了市場的擔憂，恆大集團事件，不僅是公司本身債務無法償還，還引發了一系列的債務違約事件，也波及到整個中國房地產市場，帶來的連鎖反應讓許多企業資金鏈斷裂，甚至對全球經濟產生了影響。我所在的「廣告菁英群」，最終變成了「討債群」，大家天天討論如何追回欠款。

恒大集團暴雷，許多曾經叱吒風雲的廣告公司，無論是北京還是上海的大型企業，都因為產業鏈崩塌而接連倒閉。

市場資金鏈斷裂,客戶沒錢支付,員工薪水發不出來,廣告行業幾乎被地產業的崩盤拖垮。而我,早已全身而退,開啟了新的事業版圖。

這次經歷讓我更加堅信,**關鍵時刻的洞察力與決策,決定了一個企業的生死存亡。**

• 富能量滿格法則 •

「順勢」意在:找對風口豬也能飛;

「洞察」意味:提前感知市場變化。

「洞察局勢,順勢而為」不僅僅是一種生存智慧,也是一種企業優勢。富能量讓我擁有足夠的視野與格局,對未來有清晰的判斷並能主動應對。

> **學員造富分享 ❸** 靠「富能量」翻轉人生與格局
>
> ── 黃祥集（Tomy），AI 企業研究院院長、
> 社區創業學院 015 分院長

我目前是社區創業學院 015 分院長，也是「編夢者」與「AI 企業研究院」創辦人。這幾年，我致力於協助企業運用 AI 降本增效、實現商業變現，同時透過課程與講座推動 AI 普及化，開啟更多人在 AI 世代中的可能性。

時間回到 2020 年 4 月，我自美國楊百翰大學資訊工程系畢業，滿懷理想回到台灣創業。那時我以為，憑藉留美背景與專業技術，只要努力應該能闖出一番成績。我希望幫助學生學會寫程式，進而進入高薪科技產業，實踐我心中的「I have a dream」。但現實卻像一顆小石子投入池中，只激起短暫的漣漪 ── 沒人懂、也沒人支持。

你能想像嗎？當你滿懷熱忱、技能扎實，卻始終無法被看見，換來的只有孤單與挫敗。那時我陷入掙扎：是該堅持？還是該放棄？

2022 年，是轉捩點，也是最難熬的一年。口袋資金幾乎見底，我一邊參加直銷尋求翻身機會，一邊被老師的線上講座吸引。最終，我將手上的最後一筆錢，一半投入直銷，一半投資老師的課程 ── 那是一場賭注，卻也開啟了我的新人生。

老實說，市面上的許多組織只打著夢想口號行收割之實，

直銷讓我體會到什麼叫「割韭菜」。但炳宏老師不一樣。他不是要你掏錢，而是要你站穩，找到自己的價值、方向與路徑。

坦白說，剛上完老師的「贏銷課」時，我其實沒什麼感覺。理工背景的我，對這種強調能量場與關係圈的課程還無法全然進入狀況。但真正的轉機，是在 ChatGPT 誕生後 —— 某天，老師主動邀請我到「贏商會」開一場 AI 講座。那一場原本平日 30 人的聚會，竟吸引了 75 人參與，成了我轉向 AI 創業的轉捩點。

我不知道老師當時為什麼選中我這個名不見經傳的年輕人。也許他真的看見了什麼，也或許正如他一直強調的：「別再單打獨鬥，連結我到我們」與「心存利他，廣結善緣，貴人自然匯聚」。老師用行動實踐他的信念，他讓我在還不夠成熟的階段，就擁有學習與實踐的舞台 —— 這對我來說，是莫大的信任與機會。

一年多來，我與團隊完成了七期 AI 教練課程、協助企業開發 AI 系統、與不同領域的專家協作開課。我也走入企業與校園授課，幫助更多人認識 AI 的力量與實用性。

在這裡，我不再擔心職場競爭、不再孤軍奮戰。就像一支冠軍籃球隊，老師是總教練，我們每一位創業者都是獨具天賦的球員，被安排在對的位置、發揮最大的力量。

《有錢人和你想的不一樣》(*Secrets of the Millionaire Mind*)作者 T・哈福・艾克（T. Harv Eker）曾說：「我寧可做一件看起來瘋狂的事而變得富有，也不想當個看起來很酷卻窮困潦

倒的人。」這句話正是我走上富能量之路的註解。

如果你像當初的我,懷抱夢想卻苦無機會,渴望找到真正值得信任的夥伴與舞台,不妨給自己一次機會,親自來看看什麼是「富能量」。也許,它會成為你人生的另一個起點。

回首這一路,我由衷感謝當初那個勇敢跨出一步的自己 —— 原來,努力真的不會白費,只要你願意相信,世界就會為你讓路。

07 小吃攤變千萬生意：「富能量」創造排隊效應

我的幾次轉型都算成功。

第一次轉型，是把廣告公司從純乙方模式提升到「半甲方」模式，深入企業內部，與客戶共同研發產品。這在傳統廣告公司幾乎不可能實現，也因此吸引了許多台灣同業，特地前來考察我們公司的經營模式。

第二次轉型，是從廣告公司乙方跨足到餐飲業甲方，印證自己的商業模式落地成果，讓乙方能夠開發產品，並有執行自己商品落地的能力，用廣告專業擬定商業模組，找出商業模式，成功創業並且獲利。

第三次轉型，則是徹底超越廣告業，擺脫了乙方的角色，我將自己的專業用於輔導創業，讓自己成為甲方的導師，甚至投資甲方，這就是我現在正在做的事情。本質上，專業沒有改變，只是轉換了一種呈現方式。就像笛子吹奏曲

調,轉了一個調,笛子還是笛子。這樣的轉變,讓我的專業更能發揮價值,幫助更多人。

提到轉型,很多人問我訣竅。其實關鍵就在於培養敏銳的洞察力,能夠提前感知行業趨勢與潛在風險,在市場變動前做好準備。**轉型從來不是臨時抱佛腳,而是一種戰略選擇,需要對大環境、產業結構、政策導向,以及消費心理有深刻的理解。**

關於消費心理,我個人有極深的體悟。我到中國的那一段時間,房地產市場一片榮景。實際上,那是政策導向與地產公司、銀行聯手推動的結果:銀行降低貸款門檻,地產商不斷炒作「房價只漲不跌」的信念,當時的消費心理是:人人都能買房,房價只會越漲土越高。

這樣的一種消費心理出現,會帶動一波又一波買房熱潮。2015 年,我預判中國的房地產一定會出問題,因為政府透過政策刺激市場。然而,這種推動模式缺乏扎實的市場調研與真實需求支撐,長期下來,供需嚴重失衡,一旦信心崩潰,資金緊縮,就可能引發系統性風險,導致市場崩盤。

果然,疫情後出現一堆爛尾樓。其實這種泡沫不僅出現在房地產,許多行業如:互聯網創業熱、蛋塔連鎖店、社群科技……都曾經歷過類似的情況。**我們要學會「辨別」的是,在「短期榮景」與「長期趨勢」兩者之間的區別,不想**

富能量思維

被蒙蔽，就從市場數據、經貿政策、供需關係以及人心所向等綜合指數來判斷，找出一個「正確」的事業發展方向。

另外要提醒的是，**成功轉型，往往是在行業還處於上升期時**，就已經開始布局新方向，而不是等到危機發生時才倉促應對。

地瓜燒變黃金堡

廣告經營得再好，還是始終會歸零，因為身為服務的角色，而且沒有一個實體產品，於是我就把腦筋動到了餐飲業！就有專業烘培經驗的朋友找我投資餐飲，於是我又多了一塊餐飲經營的經驗。後來，朋友把我們投資的餐飲店賣掉，我想：「何不自己創業？」

餐飲是個剛需市場，民以食為天嘛！一般人開餐飲店，最先考慮的一定是「賣什麼好賺？」但我的思維不是這樣，我在想：**如何設計出「對」的商業模式？用商業模式養出消費者，養大市場規模！**

我想創建出一種「**輕資產、低門檻、好複製**」的餐飲模式門檻，可以「快速轉換現金流」量，又能「快速複製的高利潤」餐飲企業。確立了這個創業核心概念，我就先規劃出

商業模組：

首先，我考慮的是消費人群，對新事物接受度高又有消費力的人群，那就是「上班族與學生」了；接著考慮這些人群會聚集的場所，那就是商場啦！ 所以一開始的的定位就是開在商場內，鎖定上班族與學生的微型餐飲品牌；接著再考慮產品，絕對不要用到火，如果要用到火，就必須進駐到專為餐飲規劃好的美食街，會被安排在有廚房設施、有上下水、有排風的區域，可選擇的地方會被限制，根本無法實現我想要的微型餐飲模式。為了避掉這些限制，不要用到火，只要用到電就好。

其次，商場裡很多沒有利用價值的空間，租金比較便宜。再來，一個人就可以顧一家店，這樣人力也便宜。最後，流程簡便，培訓容易。這幾個要點在我在心中反覆推敲，希望把餐飲模組極簡化到一個無懈可擊的地步。

然後，我才開始思考，要賣什麼？

要賣什麼，才能符合以上的條件呢？這裡有一個大原則，就是要「取材方便」，如果做出一個很創新的食物，材料還要進口，那就太費力了，光是進出口加上關稅還要檢驗證明，作業繁瑣不說，成本更是吃不消。最好是能夠就地取材的東西，為了找靈感，當時我就回來台灣，台灣最多美味

小吃，我想找找中國沒有的。

尋尋覓覓，不斷穿梭台灣熱鬧夜市與商場，終於被我發現一款市場尚未普及的產品 ——「地瓜燒」，這種小吃，原料簡單、易於取得、成本低廉且製作方便、美味又健康，可以博得上班族、學生族、全家大大小小的喜愛。

我迅速把這個產品帶到中國，與專業烘培的朋友討論，要開發相似產品。

結果，三個月後我們開了第一家店，一年隨便做就開了十多家店，一年營業額輕輕鬆鬆就 7 位數到 8 位數最後直逼 9 位數。這個「輕資產、低門檻、好複製」的餐飲創業模式非常成功，我還把創業經驗濃縮成精華，成為創業學院的上課教材。

「5>150」的思維

當時，我想建立一個全新的餐飲創業模式，**別人開店都是現想著賣什麼，我則先想商業模式，用商業模式推導出我該賣什麼產品！**所以從一開始，就抓住了這個項目的成功要素：「5 大於 150」。也就是說，一家 5 平方米的小店，營收和效益要超越一家 150 平方米的餐廳。

想達成這樣的目標，有幾個關鍵得掌握住：

客群：有人潮才有錢潮

有人潮才有錢潮，必須鎖定消費力旺盛且流動快的群體，例如學生和上班族。這群人對新奇事物的接受度較高，所以產品也需要具備創意和新奇性。

哪些地方有這類客群？

最保險的地方就是選擇人流密集的商業區、百貨公司或商場，這樣可以確保穩定的客源。

地點

因為要實現 5 平方米的小店，所以店鋪也不可能設有廚房，所有產品都是由中央廚房送出，店內只要負責簡單的陳列與銷售，唯一需要的就是冰箱或加熱的微波爐區。沒有廚房，避掉了排油煙問題、煎煮炒炸問題、上下水等問題，地點就靈活好找許多。

低成本、高效率

因為只要 5 平方米,所以自然篩選掉大坪數需要廚房的地點,百貨公司或商場為了提升場地的使用率,會主動找出適合的區域,由於這些區域原本不受到青睞,因此租金當然會比較便宜。再加上這樣的店面人力需求極少,只要一人即可經營,假日節慶生意好,頂多請個工讀生,這樣整體營運成本大幅降低。而且,整個培訓流程極度簡化,任何人都能快速上手,整個商業模式也可以快速複製。

掌握了這些要素,接下來就是「**創造品牌**」。

大家都知道地瓜便宜,在中國地瓜更便宜,幾乎是隨便種隨便有,我用廣告專業,把「地瓜燒」重新命名為「黃金堡」,提高產品價值感。改革開放之後,中國百姓很喜歡西方的東西,比如:漢堡,我當然也要蹭這個熱度,地瓜燒變成黃金堡,一下子就有高級感,同時,我創立品牌「吃堡沒」,透過網路行銷及商場活動來提升品牌知名度。

• 富能量滿格法則 •

這個時代是瞬息萬變的，許多人習慣於固守在過去的成功模式，其實市場環境、消費者需求都是不斷地變化著。

富能量就是一種活的變通，一旦擁有就會不斷創新，這種富足的內在驅動，能快速應對環境變化，主動創造機會，迅速搶占市場。

> **學員造富分享 ❹** 從谷底到破億，做到共好共贏
> ── 比利，胡饕米粉湯創辦人

遇見富能量課程之前，我正站在人生與事業的懸崖邊緣。那是疫情最嚴峻的時期，餐飲業首當其衝，而我又是剛起步的新創品牌，對行銷與商業模式一無所知。那幾個月，公司連續虧損超過百萬，每天睜開眼就是帳單與壓力，連怎麼活下去都不知道。我很努力想救自己的公司，卻始終看不到出口。

就在這樣的低谷，我遇見了炳宏老師。

那時候我已經上過他的「贏銷課」、「商業模式課」，對老師的氣場與眼界早有印象。但直到他開設「富能量電力公司」課程，我才真正理解，原來那不是一般的「正能量」，而是一種能實踐、能擴張、能創造影響力的系統化力量──也就是老師所說的「富能量」。

老師不只是談事業，更談家業。他的利他精神，以及那句「真正富有的人，是能同時照顧好事業與家庭的人」，深深觸動了我。那一刻起，我不再只是想撐過去，而是要翻轉人生。

我最深刻實踐的，就是老師教的「利他精神」。

老師說：「心存利他，廣結善緣，貴人自然會出現。」我把這句話放進了公司的營運哲學。以往的餐飲業，老闆獨大、壓力全扛，員工只是打工仔。但我開始反轉這樣的思維，把公司的經營權與利潤分享出去，讓優秀的員工成為合夥人，變股

東、共分紅。

我們不再是「我」在做餐飲,而是一群人一起為「我們的事業」努力。就是這樣的改變,短短兩年,我們從年營收不到3,000萬元,一路做到破億。不是因為我多厲害,而是我們真的做到了「共好共贏」。

如果你也正在人生卡關的時候,請記得:不要再獨自撐著了。你要的答案,不在你眼前,而在你選擇靠近誰。

老師常說:「從我到我們」,這不只是口號,而是一種能量狀態的轉化。近朱者赤,近墨者黑,當你走進一個正向的生態圈,才會開始重新定義什麼是成功,什麼是幸福。

歡迎大家一起來贏商會這個大家庭,願你也能像我們一樣,找到屬於你的富能量模式。

08 換個視角，
就能從廉價走向高利潤

「地瓜燒」很有古早味，很適合用在懷舊台灣。但在中國，只要出現「地瓜」二字，價格就難以提升，因為地瓜給予人農村印象，一看就是很便宜的食材，無法引發高級聯想。

既然市場對地瓜有固定印象，那我就要為它換上新包裝，讓它從日常食品變成高級商品。我該如何品牌重塑？

「黃金堡」，這就是黃金的味道！

讓地瓜變黃金，我用這句 slogan（廣告標語）扭轉「地瓜」給人廉價的印象。

中國人見面不是常問：「吃飽沒？」這句話給人一種親切感，又容易記住。「吃堡沒」就成了我這家公司的註冊品牌。我想從一句問候延伸到品牌記憶，以充滿人情味的「吃

飽沒？」拉近距離，讓顧客不自覺地把「黃金堡」印記與溫暖、熟悉、美味、健康聯想在一起。

「吃飽沒」與「黃金堡」的組合，不只是**贏銷策略**，更是品牌價值的延伸。**我不只是賣產品，而是在打造一種情感連結，讓消費者不僅為食物買單，更為親切的文化買單。**當顧客產生共鳴，品牌自然深入人心，從親切感到市場競爭力，這就是「黃金堡」的真正價值！

單一爆款後實現價值翻倍

當時，我**採用「單一爆款」策略**，專注於黃金堡這個原味產品，提供簡化的供應鏈與操作流程。所以最初，我沒有自己的中央廚房，而是透過代工生產，外包給我那個具有專業烘培技術的朋友工廠製作，有他負責產品開發，我就可以專注在行銷與市場推廣。

我的策略是「**快速進入市場賺現金流**」，若市場需求下降，可以及時調整產品或轉型。進可攻，退可守，這種靈活的經營模式，有利於迅速適應市場變化，要是一開始就建立中央廚房，等於是大投資大風險。

結果市場反應熱烈，隨著市場對產品的接受度逐步提

高,我迅速抓住商機,適時推出新品。

品牌,能讓人手移三吋。

這是廣告人都知道的祕密:**品牌的力量,足以影響消費者的購買決策**。品牌不只是產品,而是一種象徵、一種身分認同,甚至是一種消費者對生活方式的追求。同樣是手工訂製,為什麼愛馬仕就能比其他品牌高出數倍價格?關鍵就在於品牌價值的塑造。

「吃堡沒?」打出品牌後,除了「原味」,同步推出「芋頭麻糬」、「沖繩黑糖」兩種口味,並且同步進行價格調整,價格從起初的人民幣 9 元、12 元、15 元,調漲到 15 元至 25 元不等,進一步提升利潤,是為了實現價值翻倍。

當消費者願意為品牌買單,價格就不再只是成本的加加減減,而是加乘翻倍。

地瓜的成本極低,從鄉村農間大量購買製作,半顆地瓜在店裡可以賣到 25 元,毛利率高達 80%,好不好賺?當然好賺!

從零到連鎖的成功模式

只要好賺,就有人捧錢來跟。

因為進入門檻低，風險也低，很多人就希望加盟。快速展店可以降低成本，同時提升品牌曝光度，何樂不為？

創業初期，我就已經將開店模組化，讓開店變得很簡單：一個展示櫃、三個冰箱、一個冷凍庫，中央廚房直接做好把產品送到店，一人店員只要陳列賣貨收錢就好。

我選擇進駐人潮密集的商場，利用場域優勢吸引自然流量，再運用社群行銷、話題行銷，透過創意活動吸引消費者參與，形成自發性的口碑傳播。

為了保鮮，一家店最多只存放一個月的產品。前一天，店員會先把商品從冷凍櫃放到冷藏室退冰，隔天要賣的時候，放到陳列櫃裡，冰冰甜甜的很好吃。如果有人希望吃熱的，稍微微波爐熱一下就好。我們有些店面甚至不到 5 平方米，銷售還是呱呱叫。

為了加速展店，將模組快速複製，我又將生產、配送、門市營運全面優化，模組化加上標準化，一家新店，最快可以在 2 天內開業，打造新手也能快速複製的成功模式。

就這樣，我開始收起加盟金，「吃堡沒？」有直營店、有加盟店，憑著這套高效模式，第一年便開設了 15 家店，一年收益就從 8 位數到 9 位數。

「吃堡沒？」是我從廣告業跨足到餐飲業的成功實驗代表作，證明了**老闆不一定要全靠手藝與技術，靠商業模式反**

富能量思維

而可以撐起一片更大的天！

> **• 富能量滿格法則 •**
>
> 　　輕資產低門檻模式，能有效降低風險，很適合想創業的個體戶。因為風險低，也不必太過擔心最壞的情況，只需專注市場需求與執行效率。
>
> 　　等商業模式逐漸成熟，就可以積極進行策略升級，優化供應鏈，提升核心價值。在不斷調整與精進的過程中，需要更多內在的修煉與成長，這種提升方法論，本身就是一種富能量。

09 創業不是單打獨鬥：
打造可複製的生態圈

　　因為敏銳地察覺到房地產風暴即將來臨，我決定提前轉型。一方面嘗試運用自己的廣告專業投入餐飲業的品牌經營，另一面就是投入「孵化器」。「孵化器」是中國的習慣用語，台灣叫做「育成中心」，這樣更好理解。

　　投入孵化器經營，純屬意外！2015 年某日，當時「帝十三」已經走到了廣告業巔峰狀態，我也獲得了「地產廣告教父」稱號，我正在苦思我的下一步，一通電話改變了我所有布局！也因為這通電話我開始投入了「孵化器」經營領域，我開了第一個台灣青年在中國創業的孵化基地！

　　也因為孵化器，才進一步誕生了日後的「創業學院」！

從 0 到 1，再到 100

我先在中國布局幾個「孵化器」，接著才有「創業學院」，回台灣之後再成立了「贏商會」。

為什麼要成立「創業學院」和「贏商會」？在中國我建置了三個「孵化器」，孵化器成立後，有一種「萬事順風只欠東風」的感覺。實際營運之後，我發現了一個核心問題──「孵化器」只是硬體支持，而創業所需要「軟體」，也就是創業知識與思維，這塊核心極度匱乏，需要有人填補創建。

我原本就是協助台灣青年進入中國市場創業，台灣中國兩地飛，一直聚焦在如何幫助台灣青年赴陸創業的關鍵與挑戰。2019 年底疫情爆發，受新冠病毒（Covid-19）的影響，我剛好人在台灣，在輔導大家創業的過程中，我發現很多創業者在初期缺乏正確的商業思維，導致困難重重。從那時起，我就針對創業痛點設計課程，這就成為「創業學院」的起點。

疫情過後，本來應該要再回中國，沒想到整個局勢又發生轉變。隨著中美關係惡化，外商撤離，中國的創業機會減少，整體經濟環境產生變化。於是，我將課程轉型再升級，深耕於本地創業教育，發展出了「從 0 到 1，1 再到 100」

的創業培訓系統。

從 0 到 1 到 100，這是一個核心指標：

- **0 到 1**：確立創業定位、建立項目核心價值、開發爆款產品或服務、創造穩定且可持續成長的現金流，確保市場站穩腳步。
- **1 到 100**：建構擴大盈利的生態圈、可複製的商業模式，制定連鎖加盟的標準模式，實現經濟規模化的成長。

創業者必須先透過贏銷創造收益，達成站穩腳步的「1」，再透過複製商業模式，讓企業成長到「100」。

我所傳遞的，是一種「贏銷與商業模式」。

擺脫買賣思維，進入生態圈思維

什麼是「生態圈」？近年來許多人討論這個概念，但真正理解並能實踐的人卻不多。

我自己心中十分明白，**真正的商業競爭，不在於誰的產品更便宜，也不是誰賦予產品更多的價值，因為商業並非只**

是單點往來、你賣我買而已。真正的商業競爭，是來自於誰能整合資源、流量、服務，使其互相循環，誰能創造出更完整、更具黏性的生態圈。

「創業學院」課程有三個核心主軸，是我一直在推動三個重要概念：**快一步贏銷、生態圈、商業模式**。這個創業構成原則，在業界引起相當大的關注。

過去，企業主受限於買賣思維，即 A 點到 B 點的線性交易模式，過於單一。這種商業模式的問題在於：需求固定，供給卻不斷增加，導致市場競爭激烈，最終陷入價格戰。我們從雨後春筍的手搖飲店來看比較容易明白，只要某個區域開了一家手搖飲店生意興隆，沒多久，周邊就會冒出數十家類似的店鋪，店家多、競爭多，最後導致大家都難以生存。

如何突破這種惡性競爭？關鍵就是要拋開「線性思維」，把從 A 點到 B 點的線性交易模式，改為「循環思維」，這就是「生態圈」基本概念。

當企業從「單一買賣」轉向「生態圈」，原本只有一個盈利點的模式，將會衍生出更多的商業機會與更多元盈利模式，從純賣產品，轉為整合社群、建立會員系統、提供增值服務，甚至跨界合作，這些創新的盈利模式，可以成為主業以外的多元收益。

當企業的商業模式不再只是單點買賣，而是讓資源、流量、服務互相循環，就能跳出惡性競爭，讓對手很難輕易取代，這樣一來，企業的韌性堅強，成長空間也會大幅提升。

死水變活水，紅海成藍海

以「創業學院」為例，最初那一批學員畢業後，很容易變成兄弟登山，各自祝福，缺乏彼此交流與合作。

於是，我緊接著成立了「贏商會」，引領學員彼此連結、互相合作，競爭就不再是唯一的生存法則。**我幫助大家超越競爭，創造價值，把停滯的水注入甘泉，讓死水清澈回甘**，而原本競爭激烈、刀光劍影的紅海，也能轉變成一片廣闊無垠的藍海。

我常在課堂上說：「上完課，我們的關係才剛剛開始。」這個開始就是「贏商會」！透過贏商會的課後活動，我們讓學員課後持續精進學習持續資源對接，一群同一位老師教出的同學，在同頻的環境中，很容易彼此進行合作與資源整合，於是贏商會誕生了一個又一個的成功創業案例，我們也成了全台唯一一個擁有商會的教育培訓機構！

「贏商會」就是一個長期幫助學員保持連結的平台，

學員可以在這裡打造更完善的創業生態圈，交叉行銷、異業整合，打破原先單打獨鬥的買賣思維，由於大家思維模式相近，合作就變得更加順暢，也能拉抬出更強的市場優勢。

打從「創業學院」開始，我的目標就是要改變傳統創業模式，建造一個創業生態圈，具體布局如下：

第一步：孵化創業團隊

在中國建立孵化器，陸續成立天津院、天津二院、湖南長沙三院，發展出三個育成中心。

第二步：成立創業學院

設計課程，透過培訓讓學員具備快一步創業贏銷思維，解決創業者七大痛點。

第三步：建立贏商會

搭建資源對接平台，促進學員彼此間的商業合作。

第四步：發展社區創業學院

在各城市建立「社區創業學院」，三年目標拓展至 200 所。目前，社區創業學院已經在台灣 2024 拓展至 50 所，2025 年計畫增加至 100 所，並與大學聯合開辦產業碩士班。

第五步：向下扎根，產學合作，開設「產業碩士班」

經過多年努力，通過教育部核可，創業學院正式與崑山科技大學合辦開設「連鎖經營產業碩士班」，首期招生一週內滿額，創業學院也成為有史以來首家進入正規碩士教育學制的培訓機構！

有了硬體基地（孵化器），發展軟實力課程，並加強領導力與團隊管理課程，之後全球模式複製，把「**課程＋商會＋社區學院＋流量池**」的模式推向國際。

有學生問我：老師，買賣房屋有仲介費，老師的贏商會如果企業媒合成功，難道免費？我回答他：當然免費！這個免費來源於「**人稱異位**」。

人稱的概念很重要：第一人稱是「我」，第二人稱是「你」，第三人稱是「他」。

富能量思維

在「贏商會」裡，我把第二人稱推上舞台當主角。而我這個第一人稱退到舞台後面當支柱，我會時刻想著「你」，思考如何讓「你」好，而不只是關注「我」。

幫助學員突破人生瓶頸

我之所以會有「人稱異位」的想法，是因為，在我工作最忙碌的時期，做廣告那時候，長期處於壓力之下、焦慮、作息不正常，有一段時間陷入了憂鬱。

當意識到自己陷入情緒裡出不來，我沒有靠藥物，而是透過調整心境，慢慢讓自己調整恢復過來。當時，我做了一個大轉變，就是暫時離開廣告圈。

我曾經覺得，什麼事情都非我來做不可，任何事都要親力親為，否則就不放心。離開之後，逐漸調整自己，省思自己，這個過程讓我領悟到一件事：「我之所以不快樂，根本原因只有一個，就是把自己看得太重要了。」

當時，正是我的事業開始轉移到餐飲的時候，我開始學著放手，把事情交給團隊。結果發現，他們做得很好，甚至沒有我也沒關係，錢還是照樣賺！這個轉變對我影響很大。

社區創業學院在台灣拓展已經超過 100 所，我設計了

一套「無須管理的管理機制」，每個分院長都能自主經營，這是屬於他們的舞台，我的角色就只是在背後當軍師、指點江山。

對於分院的營運，我只關注垂直管理，平行關係則交由團隊自行發展。當資源流動起來，合作帶來更大的成長，大家都能受益。所以贏商會平台的媒合，沒有任何費用，也不受任何限制，我由衷開心企業彼此合作，因為「**做大，才是最重要的**」。

・富能量滿格法則・

當我從「以自我為中心」到「以利他為核心」，放下「覺得自己最重要」的執念，一切都變得順暢了，不僅世界變得更寬廣，人生也更坦然、自在。

加入贏商會的人，能夠透過這個平台展現自己，連結更多資源，擴大影響力。這種模式形成了正向循環，帶出漣漪般的擴散效應，形成了富能量，這股力量最終將如滾雪球般，愈滾愈大。

> **學員造富分享 ❺ 利他，才是最高級的利己**
>
> ——林宸帆，亞洲易經文化交流協會國際講師、
> 社區創業學院 001 分院長

我是現任亞洲易經文化交流協會國際講師，也是社區創業學院 001 分院長。從事美容教學二十多年，我一直以為只要技術夠強，創業一定能闖出一片天。於是我咬緊牙關、埋頭苦幹、獨自打拚，靠著一股傻勁撐過幾十年，雖有些成績，但疫情一來，美業幾乎全面停擺。即使解封後，市場冷清、招不到學員，我的人生也彷彿被按下暫停鍵，卡在無力與迷惘中。

那段時間我很努力想找方法解決問題，花了許多時間與金錢學習各種行銷課程，卻總覺得無法真正打中問題核心。直到遇見炳宏老師，上完「創業贏銷課」與「商業模式課」後，我才發現，自己長年卡關的原因，其實是「思維沒轉彎」。

老師的課幫我打開了新的視野，也打破了我過去「單打獨鬥」、「只顧自己」的創業模式。我開始思考：能不能不靠搶市場，而是共創市場？於是我學會把同業「化敵為盟」，以「利他共生」為核心，打造以美業為中心，向外擴展到健康、餐飲、身心靈等產業，串聯起更大的合作圈。最重要的是，我也成功跨足數字能量學領域，拓展了自己的事業版圖。

炳宏老師不只是教我們創業，更教我們「如何做一個創業路上有溫度的人」。他的課程不斷升級，不只是談技術，更談

心法；不只是談成功，更談人生。特別是他後來開設的「富能量課程」，把商業策略、人生修鍊、家庭關係三者融合成一套完整架構，讓我們不只在事業上找到方向，也在人生裡重新定位自己。

　　我印象最深的一句話是：「利他，才是最高級的利己。」

　　這不只是口號，而是我現在每天都在實踐的信念。當我學會將家人的抱怨轉化成前進動力，我反而更能感受到家人的支持，也更珍惜這份關係。當我學會主動付出、連結他人，就發現高頻貴人真的會出現在生命裡，事業也就自然順起來了。

　　我很感謝老師的提點與引領，讓我不再孤軍奮戰，也因此願意接下創立第一所社區創業學院的任務，希望有更多像我一樣的創業者，能少走一些彎路，找到屬於自己的富能量。

富能量思維

10 咖啡熱情如何變黃金？
經營一場共好的品牌實驗

老實說，很多企業跳不出買賣思維，放眼望去，不是賣產品就是賣技術，對吧！但 21 世紀已經是互聯網時代，過去傳統的買賣觀點，應該要轉型升級到生態圈思維，舉個例子：

談到咖啡店，你會想到的什麼？

我有個學員叫「阿國」，本來經營民宿，他一直對咖啡有興趣，早晨在民宿等客人的時候，他會沖煮咖啡，用咖啡與客人互動。久而久之，對咖啡就越鑽研越深，疫情之後，他把民宿改成咖啡館，問題來了，如果只是單純賣咖啡，能比得過「星巴克」或「路易莎」嗎？能比得過到處可見的「7-11」或「全家」嗎？這幾個大品牌早已占據八成市場。

當時，阿國和許多人投入咖啡市場的創業者一樣，經營

得相當辛苦。他來上我的課,我傳遞生態圈的概念,四年內他便成功拓展五家咖啡館,每家都賺錢,他是怎麼辦到的?

咖啡館不只賣咖啡

阿國開了一家店後,圓了開咖啡館的夢想,但他不知道如何擴展,因為只靠賣咖啡營利很快就會有瓶頸。

上完課後,他把原本靠單一產品(賣咖啡)的經營,延伸出咖啡館的價值,突破傳統買賣思維的局限:咖啡館不只是賣咖啡,導入「生態圈模式」,情況馬上大不相同。

阿國的第一家咖啡店,地段是在台南安平老街。去過那裡的人都知道,只有白天熱鬧,晚上一般來說是冷冷清清。但是安平這座小鎮,有很深的歷史文化,從 17 世紀的大航海時代,異國文化就在此地深耕交融,白天有許多觀光客來探訪安平老街、安平古堡、安平樹屋、億載金城、安平小砲台、德陽艦、夕遊出張所、德記洋行、東興洋行⋯⋯觀光客散去後,小鎮又回到原本安靜的步調,這時,換來一群夜貓子、文青穿梭巷弄,尋找 400 年來的人文氣息。

抓到這個機會點,阿國的咖啡館定位出來了:深夜咖啡館,營業時間從晚上七點到凌晨兩點,專門服務夜貓族與深

夜想喝咖啡的客群。差異化訴求，讓這家咖啡店成為當地年輕人打卡的熱門景點，生意至今都很穩定。

阿國的這間咖啡館，不只賣咖啡，主要是賣差異化：

時間差異

深夜營業，打造夜貓子、夜間工作者、藝文愛好者、深夜想與朋友小聚的消費族群。

空間差異

夜晚特別能凸顯安平老街的慢活氛圍，尤其這間咖啡館是老屋改建，店內的擺設充滿復古懷舊元素，很能與喚起顧客歷史的共鳴，提供情感價值。

煮咖啡差異

從選豆、烘焙到沖煮，咖啡不只是飲品，而是一種「慢活」的享受，與一般連鎖咖啡館快速便捷的模式不同，這裡提供專注於職人精神與手沖體驗，以專業虹吸式沖煮咖啡。

深夜咖啡館的核心競爭力，來自於「時間（深夜營業）＋空間（安平老街懷舊氛圍）＋專業（虹吸沖煮）」，透過這三個核心元素，獨特的市場定位，拉開了與星巴克等主流品牌的區隔，成功打造出專屬自己的品牌價值。

咖啡館的生態圈思維

第一家店成功之後，阿國又陸續開了幾家分店，每一家都有其獨特性，其中有一家還以創意概念勝出。

這家店在商業大樓的三樓，一般咖啡店是在一樓，怎麼會在三樓？阿國表示，因為租金便宜，他請我過去看的時候，我發現三樓擁有一個超大的露台。開店最大的成本就是租金，租金成本一低，利潤就可以明顯提升。

位處商業大樓三樓雖然相對隱密，但透過口碑行銷、社群媒體分享，還是可以成功吸引特定客群前來探索，形成「祕境咖啡館」的話題。最終，第五家店是以「露營」為主題，在都市中模擬戶外露營情境，利用這個超大露台打造城市中的「露營體驗」，讓客人可以在帳篷裡享受咖啡。

這種創新經營模式，也讓他的店在競爭激烈的市場中脫穎而出。

當初阿國來找我時，他被困在「開一家咖啡館」的思維裡。後來他領悟到，與其賣咖啡，不如思考如何打造一個完整的咖啡生態圈：培訓課程、器材銷售、加盟、內部創業、直營發展，生態圈的思維讓單純賣咖啡的生意變成了一個完整的產業鏈，每一個環節都能產生更高的附加價值。

> **・富能量滿格法則・**
>
> 　　在競爭激烈的市場中，許多小品牌擔心會被大品牌壓倒，但是只要懂得運用富能量創造價值，市場永遠有機會！
>
> 　　富能量思維：大品牌通常走「規模化、標準化」的模式，小品牌則應該聚焦於個性化、情感連結、沉浸式體驗，創造「獨一無二的價值」。

第 3 章

失序時代，
人人必須具備富能量

富能量思維

11 | 什麼是富能量？
不只是正能量的升級版

你可能在滑手機時看過一段短片：一名乘客在車廂內突然大笑，接著整節車廂的人也跟著笑起來。在量子物理中，有個概念叫「共振」—— 當一個振動頻率與另一個頻率相契合，就會產生強烈的共振現象。

情緒其實也帶有類似的能量。我們每個人的情緒波動，會無形地傳遞給周圍的人。所以，千萬不要小看自己的一個情緒、一個念頭或一個感受。**當我們處於不同的心理狀態時，一種內在的能量波動，也會影響身邊的人、事、環境，甚至自己的選擇與行動。**

生活與工作中，這些看不見的「能量」，正默默地牽引著我們的情緒、行為與決策。我將能量分為三種形態：「負能量」、「正能量」與「富能量」。前兩者大家可能已耳熟

能詳，但在這本書中，我特別想強調的，是「富能量」的價值與關鍵。

我之所以特別關注這些，是因為自己曾經陷入「負能量」的漩渦。那段時間，我對未來失去信心，對周遭環境充滿質疑，甚至一度懷疑人生的意義。

因此，我鼓勵每一位讀者，要認識這三種能量的特質與影響力。如果你能學會掌握「正能量」與「富能量」，我可以說，你幾乎已經站在「人生勝利組」的起跑線上了。

負能量、正能量與富能量的差異

看似無形的能量，其實是可以被感知，也能被測量的。美國心理學家大衛・霍金斯博士（Dr. David R. Hawkins）在其著作《心靈能量》（*Power vs. Force*）中，提出了「情緒與振動頻率」的關聯模型，說明每一種人類情緒都對應一個特定的能量頻率。這個頻率反映了一個人當下的能量場，也顯示了他與世界互動時所產生的影響力。在霍金斯博士的能量量表中，負面情緒的振動頻率排列如下：

- 羞愧：20

- 內疚：30
- 冷漠：50
- 憂傷：75
- 恐懼：100
- 欲望：125
- 憤怒：150

這些情緒不僅會削弱我們的內在力量，長期處於其中，也會讓身體與人際關係受到影響。

以美國電影《綠巨人浩克》（*Hulk*）為例，角色一旦憤怒，周遭玻璃瞬間震碎；又或者女高音在舞台上一聲高音，足以讓高腳杯應聲破裂 —— 這些都與能量振動有關，儘管戲劇化，卻非全無根據。

然而，一旦情緒轉向正面，能量頻率也會明顯提升：

- 勇氣：200
- 寬容：350
- 愛：500
- 喜悅：540

正能量不僅帶來高頻率，更能創造積極的人際循環，讓

身心產生正向的推動力。

富能量，則是進一步整合正能量與實踐力的狀態。它不只是感覺良好，而是能夠穩定地轉化為影響力與結果，讓我們在順境中擴張，在逆境中復原，並持續創造價值。

負能量是一種無形的黴菌

負能量，就像一顆爛蘋果。分享一則小故事：有位農夫，每天細心照料自己的果園，蘋果長得又紅又亮。有一天，他發現樹上有一顆蘋果出現了腐爛跡象，表面浮現幾處小小黑斑。他沒有立即處理，結果幾天後，那些黑斑迅速擴散開來。最終，他不得不花費大量時間與心力清理整個果園，損失了大半的收成。

負能量，就像這種看不見的黴菌，是一種無形的負擔，悄悄侵蝕我們的心，讓人陷入低落、沮喪與焦慮之中。它常常伴隨著內心的不安與焦躁來臨，而最可怕的是，很多時候，當事人根本沒察覺自己已經被捲進了這股危險的漩渦。

我自己也曾經歷過。過去，我因為信任一位合夥人，將財務全權交給他處理，沒想到他利用政府補助款設下陷阱，把錢捲走，卻讓我跳入了那個深坑。我差點無法全身而退，那段時間，負面情緒幾乎把我壓垮。

身為領導者,若陷入「負能量」情緒,後果是極其危險的。我當時意識到,自己已經被負能量纏身,如果不儘快轉念、積極尋求化解方式,不僅要面對財務黑洞,甚至可能涉及法律責任,當時我還面臨著無法回台灣的風險。

所以我要提醒大家:**「負能量」一旦出現,只會讓人落井下石**。它不會幫你解決問題,反而會帶來更大的損失。尤其是領導者,更應該時刻自我覺察,警惕自己是否正被負能量困住。

正能量是前進的力量

「正能量」與負能量剛好相反,它是一種正向的循環,能不斷擴大影響力,帶來前進的動力。

簡單來說,正能量就是一種「利他」的精神。

還是回到我自身的例子來說明。當年,合夥人捲款潛逃,我一夕之間背上鉅額債務,內心陷入極度的絕望與憤怒,對未來更是充滿恐懼。那段時間,我常被自責與焦慮折磨,無法釋放內心的壓力,這是人生中最痛苦的一段經歷。

所幸,我太太每天都耐心開導我(她是慈濟人),陪我一起用不同角度去看待這段經歷。經過一段時間的沉澱與自我覺察,我終於醒悟:不能再讓負面情緒主宰我的人生。就

在這個轉念的當下,改變也悄然開始發生。

我開始試著相信:對方會這麼做,也許有他不得已的理由。既然如此,與其抱怨,不如選擇重新站起來。回想過去,雖然沒學過廣告專業,我卻創辦了自己的廣告公司;雖然曾因投資股票慘賠、欠下高利貸,但老天爺讓我有機會在天津重新站穩腳步,並清償所有債務。

我不再只關注自己的痛苦,而是把焦點放在如何幫助他人、創造價值。也就在這個時候,正能量開始悄悄擴散。

「正能量」是一種積極向上、充滿希望與行動力的情緒,它的核心就是「利他」。當我選擇放下對對方的怨恨,其實也是放過自己。 就在那一刻,很多原本的障礙都自動消失了。

我快速調整策略,帶領團隊恢復運作,並以更樂觀積極的態度面對挑戰。

也因此,我開啟了「吃堡沒」的黃金堡餐飲事業,看見了新的光明與希望。正能量,成為我走出困境的引路明燈。

富能量創造無限可能:一套自我修持提升方法論

「富能量」是一種超越正能量的生命力量。**不僅僅是積極、樂觀的態度,更是一種能夠連結內在潛能、運行天地正**

氣、帶來豐沛與富足的狀態。

富能量融合了智慧、勇氣、信心與行動力,當一個人處於這樣的狀態時,思維會更為開放,對機會的敏銳度更高,也更容易在日常行動中創造出超乎預期的成果。

那麼,一個人該如何擁有富足的能量?在後面章節中,我會提供更具體的行動準則與練習方法,協助讀者逐步提升。這裡先簡要說明:

首先,是「擺脫負能量,轉向富能量」。而其中的關鍵,就是「覺察」。

舉個例子:在家庭生活中,夫妻爭吵很常見,但導火線往往只是一些微不足道的小事。小到什麼程度?可能只是對方忘了關燈、洗碗不乾淨,或是一句無心的話。但當情緒一升溫,這些小事就可能瞬間引爆,讓爭執一發不可收拾。

我經常在課堂上分享我與太太的相處模式,因為真的充滿戲劇張力。她的成長背景、思維方式與人生追求,與我大相逕庭。她是典型的「大小姐」性格,擁有「兩大兩多」:開銷大、脾氣大,規矩多、毛病多;而我則是自由奔放、不受拘束的浪人。我們這樣的組合,簡直就是「大小姐遇上小流氓」,看起來怎麼都不可能走到一起,但我們卻攜手走過了這麼多年。

事實上,我太太是我生命中的貴人。她讓我成長、讓我

修煉，甚至徹底改變了我的人生。她驚人的花錢能力，不是一般人可以駕馭的，卻也因此逼出我強大的賺錢能力。從某個角度看，這未嘗不是一種極有力的激勵機制。

我非常感恩她給我一個幸福的家庭。除了「燒錢」讓我不斷突破賺錢天花板，她還有一個極珍貴的特質 —— 對我父母無比孝順，甚至有時比我這個親生兒子還周到。父母生病時，她細心照料、無怨無悔，這是我自認都做不到的事。

我們的差異曾經是衝突的根源，但後來我學會了轉念。與其專注在她的缺點，不如去看她的優點。當我開始欣賞她的特質，婚姻不再是磨合的戰場，而變成了彼此修行、共同成長的旅程。

她會花錢，我就學會賺錢；因為婚姻的核心，不在於尋找完美的伴侶，而是學會在對方身上，看見「讓自己更好」的可能性。

佛教有句話說：「逆增上緣」；基督教則說：「恩典夠用」。這些話的本質都是一樣的：逆境、挑戰不是阻礙，而是促使人成長的機會。人生的不順與挫折，從來不是絆腳石，而是推動你前行的力量。要相信 —— 無論當下境遇如何，恩典始終存在。苦難也許不會馬上消失，但你絕對有能力超越它。

富能量思維

・富能量行動準則・

富能量的關鍵在於：先讓自己富足，之後讓世界因自己變得更好！

想提升富能量，需要內外兼修，內在富足著重思維提升，外在富足著重具體行動。

提升思維練習：

內省是否有負能量纏身？

每天寫下 3 件值得感恩的事。

思考自己是來報恩，還是來報仇？

外在行動練習：

學習新知與技能打造多元收入。

主動幫助他人，如做志工、支持公益。

分享經驗，發揮影響力。

學員造富分享 ❻ 從一個人的努力，到一群人的共好

—— 王婷，真食律師

我是真食律師王婷，一位致力於協助餐飲業的律師，也是一名正一步步實踐品牌願景的創業者。過去的我，習慣獨自扛起責任，默默努力，只為證明自己的價值。

大學畢業後，因家族背景與餐飲業結下深厚淵源，也開始思考是否接手家業。理想與現實的拉扯、夢想與能力的落差，那段時間的我，既迷惘又焦慮。我參加了無數課程，像個乾涸的海綿渴望吸收一切知識，卻反而被資訊淹沒、失去了節奏與方向。理性職業與感性性格的衝突，讓我一度懷疑自己是否真能走出一條屬於自己的道路。

我相信，法律不該只是冷冰冰的制度詮釋，更應成為創業者的盾牌與光。但那時候的我，總覺得自己孤單，找不到真正理解「善與商業如何並行」的圈層。

體悟到自己在商業思維上的不足後，我開始在網路上搜尋餐飲經營的相關資源。就在那時，陳炳宏老師的商業模式廣告映入眼簾。這場偶然，成為我人生的一個轉捩點。

第一次上課，我仍懵懵懂懂，但內心有一種難以言喻的觸動。課後我鼓起勇氣走向老師討論，老師只說了一句話：「王婷，妳只要大聲告訴大家妳想做的事。」

那一刻，我彷彿被喚醒——原來，我一直不敢發聲，是因

為不相信自己的聲音值得被聽見。老師語氣溫和卻堅定,那句「我相信妳可以」,像一束光照進了我內心最柔軟的地方。在老師身上,我第一次看見,一個人可以同時兼具理想與落地的力量;可以把商業做得有邏輯、有溫度,也有善意。

在富能量課程中,我最深刻的一句法則是:「心存利他,廣結善緣,貴人自然匯聚。」過去總想著證明自己,但現在,我開始練習從合作與信任中找到成長的力量。從「我」到「我們」,不再只是理念,而是我真正落實的行動。

我開始說出口、試著分享、串聯資源,反思行動背後的動機。透過書寫與內在對話,我學會安撫情緒、照顧需求,將艱澀的法律轉譯為能被理解與感受的語言。那些過去看似情緒化的反應,其實只是渴望被看見與理解。

在贏商會裡,我被無數溫暖的前輩照顧與支持,也逐漸從「被相信」中,學會「相信他人」。於是,我不再獨行,而是慢慢地,打造出一張屬於我們的共享網絡。

短短半年,我從一名懵懂的法律顧問,成長為能站上舞台、協助他人聚焦願景的引路者。許多我曾仰望的對象,如今成為我共創未來的夥伴。老師說過:「夢想+策略+行動計畫=美夢成真。」而我,正一步步走在這條路上,將那些曾經不敢說出口的夢想,逐一實現。

老師曾形容我是「一盞溫暖的燈」,而我知道,那盞燈的火種,其實是他當初為我點燃的那份信任與陪伴。如今的我,不僅能穩穩說出信念,更能真誠地付出,讓星光聚成光束,照

亮他人,也照亮自己。

　　這不只是我個人的轉變,而是從「我」的奮鬥,進入「我們」的共好。這正是我一路以來最想實現,卻不知如何起步的理想。

　　當你以為自己還不夠好,可能只是還沒遇見對的人。與其孤軍奮戰,不如與對的夥伴同行。願你也能像我一樣,在看似迷路的時候,遇見那一盞燈,點亮願景,也照亮他人的未來。

12 「了己四訓」 找回命運的主導權

想要改變命運，我建議大家讀一本書：《了凡四訓》。這本書的作者是明代的袁了凡，「了凡」是他自號，原名袁黃，嘉靖年間出生於江蘇吳江。父親早逝、家境清寒，與當時多數人一樣，他也希望透過苦讀參加科舉，改變命運。

在秀才考試期間，他偶遇一位名為孔先生的命理師。孔先生根據生辰八字，為袁黃推算了人生中的幾項大事，甚至說他命中無子，將於 53 歲壽終。

一開始袁黃並不相信，但隨著孔先生的預測一一應驗 ── 哪一年考中第幾名、擔任哪裡的官職、上任時間與升遷情況皆準確無誤 ── 他開始動搖了。心想既然命運已定，又何必努力？從此變得消極，逐漸喪失了進取的動力。

直到有一天，他前往棲霞山，遇見了雲谷禪師，這場對談徹底改變了他的人生觀。

禪師問他：「你為何毫無鬥志？」袁黃如實回答，自己之所以放棄奮鬥，是因為命運早已注定，努力無益。雲谷禪師當下斥責他：「命運，豈是這麼容易定下的？命是可以改的！」

禪師開示他：「命運的根源來自因果。積善之家，必有餘慶；積不善之家，必有餘殃。若能真心懺悔、努力改過，命運自然會轉變。」

這番話深深震撼了袁黃。他開始每日反省、修身行善、謙卑持戒，日復一日實踐，並逐漸發現命運真的改變了。

原本預測會在 53 歲去世，他最終活到了 74 歲；本說命中無子，他後來育有一子，名為袁天啟；不僅如此，他的官運也遠超預期，從縣令一路升至江西按察使。

「善念致福，行為改運」的核心原理

袁黃晚年寫下《了凡四訓》這本書，核心目的在於提醒世人：「命運」這兩個字，是可以被倒過來書寫的。關鍵不在「宿命」，而在於是否懂得「運命」——主動改變自己的人生軌跡。

這本書共分為四篇：第一篇講「立命之學」，第二篇講

「改過之法」，第三篇講「積善之方」，第四篇則談「謙德之效」。袁黃的改命方法，主要就建立在三大核心原則上：反省過錯、努力行善、保持謙遜。（見圖 3-1）

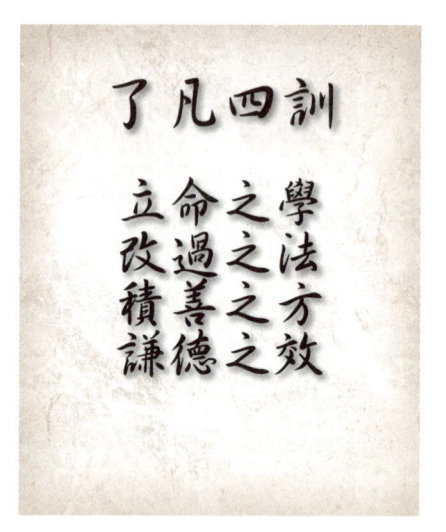

圖 3-1　了凡四訓的四大理念

我認為，《了凡四訓》的理念融合了中華文化中儒、佛、道三家的思想。儒家強調「積善之家，必有餘慶」；佛家則提倡「一切唯心所造」、「勿以善小而不為，勿以惡小而為之」，以及「菩薩畏因，眾生畏果」的因果觀；道家講究「修德行善，可以趨吉避凶」。

這些思想在《了凡四訓》中皆有所體現，而當我們將這

些智慧統合，就會明白一個簡單而深刻的道理：善念，是改變命運的根本。只要內心向善，行為自然端正，命運也將隨之轉變。

比正能量更全面的多層次影響

我之所以向大家介紹《了凡四訓》，不只是因為它談論「命運」，更因為它是一部關於自我覺察與行動轉化的哲學經典。

每個人都有自己的故事，而這些故事，最終決定了我們的命運。《了凡四訓》讓我們理解：善念與善行可以改變命運。但我認為，這只是改變命運的其中一個環節。

我自己在人生中也曾多次面臨看似無解的困境，最後卻能出現大逆轉。事後回頭看，**除了「轉念向上」的力量，最根本的關鍵是 ── 認清自我。**

正因如此，我研發出一套「了己四訓」（見圖 3-2），透過這一套內化系統，幫助更多人看清自己的根本、發揮潛能，進而打造出自己真正想要的人生。

了己四訓
透過看道做到圓滿家業與事業

認清自我
洞察根本
逆境結善
順境傳富

圖 3-2 「了己四訓」的 4 步驟

了己四訓，改變命運的第一步

怎麼樣開始「認清自我」？

現在很流行測驗 MBTI（16 型人格測驗），在網路上付錢就可以測出你的性格類型。又或 DISC 測驗（行為風格分析工具），看自己是哪一型：

- D 型是（Dominance 支配）—— 領導者、決策者

- I 型（Influence 影響）── 銷售、行銷、公關
- S 型（Steadiness 穩定）── 客服、人資、行政
- C 型（Conscientiousness 謹慎）── 工程師、會計師、研究員

這些都能幫助個人更了解自己的性格特質、溝通方式，以及適合的工作模式，但這些歸類還是比較攏統，因為人性是複雜的，很多時候是要綜合許多因子，才會看到影響自己人生的要素。好比說，一位創業者，不可能是只有 D 型，而是 DISC 型全部都要具備。

我設計出「了己四訓」，幫助大家識「根」辨「器」。我的意思是，**透過觀察一個人的「本性」（根）和「才能」（器），來判斷他的潛質和未來適合發展的方向。**

「了己四訓」，可以看成是一種「識人之術」。讓別人或自己更快、更準確地找到適合自己「根」，也就是天賦，然後，發揮「器」的優勢，也就是發展方向、人生道路，如果能夠根器合一，基本上，人生就成功了一半。

好比我自己，專科學的是電機，但我天生不是寫程式的料，何必浪費時間去苦讀、學寫程式？我的天賦既然是策畫謀略，擅長做生意，這些事情也是我的熱情所在，就要往這個方向去發展。一個人是什麼「根」？要成為什麼「器」？

自己必須很清楚,如果連自己都不清楚,未來怎麼會清楚?

把自己與生俱來的東西,徹底摸清楚,知道自己的性格、習慣、價值觀,然後把自己塑造起來,搭配學習力、實踐力,很快,人生路就起來了。

講了半天如何「識根」認清自己?前文提到可以做心理測驗,但結果可能模稜兩可,真正想要認清自己,基本上得要學會「洞察」。

所以「了己四訓」的第二步是:**洞察根本**。

你要觀察自己在無壓力環境下的行為,因為這個時候,就是「最接近本性」的時候,沒有任何壓力,無須迎合任何人、事、環境,這個時候最接近「本性」。

想想看:獨處時,你最愛做什麼?遇到問題發生時,你會怎麼行動?你是習慣用直覺感性應對?還是會分析用理性思考?或是你遇到問題先尋求他人幫助?

在課堂上,我會用「人型桌遊」來幫助大家認清自我,讓你自己看到,自己是誰?正處於什麼樣的狀態?

透過「人型桌遊」來看學員的選擇,幫助學員找出自己的目前所處的「局」。這套課程可以說是活的,不像心理測驗那種已經被框架好的條規與結果,是死的。學員從局裡,看到自己的「軟實力」如何碰到環境帶來的「硬實力」,又怎麼因著自己的認同、情緒,帶出怎麼樣的選擇,最後成為

現在的狀態。

軟實力，可以從「能量」與「財務」兩個維度來觀察。（見圖 3-3）「能量」，是一個人內在的頻率與穩定度，來自他的情緒管理、行動慣性、思維模式與信念架構 —— 這些會決定他是否帶電、能不能影響他人，是否願意主動連結與創造價值。「財富」，則是一種顯化的結果，不只是金錢，也包括人脈、資源、影響力 —— 這些會隨著你內在能量的不同，呈現出不同層次的聚合力。

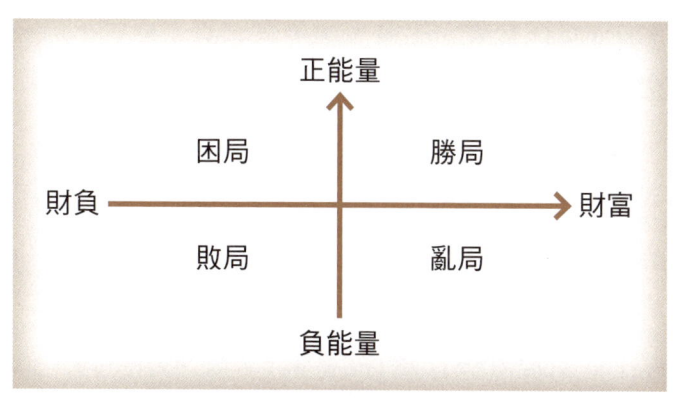

```
                  正能量
                    ↑
          困局    |    勝局
                    |
   財負 ─────────┼─────────→ 財富
                    |
          敗局    |    亂局
                    ↓
                  負能量
```

圖 3-3　軟實力

硬實力，可以從「專業」與「財富」兩個維度來切入。（見圖 3-4）「專業」，是你可以用來解決問題、創造價值的技能；而「財富」，則是你運用這些技能所產出的外部成果。

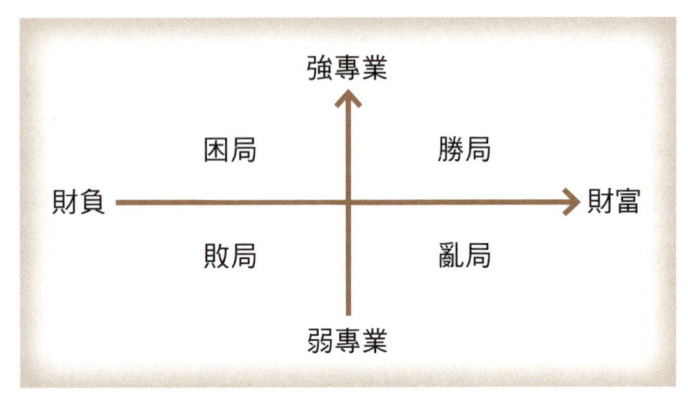

```
            強專業
              ↑
     困局  |  勝局
財負 ─────┼─────→ 財富
     敗局  |  亂局
              │
            弱專業
```

圖 3-4　硬實力

無論你是從軟實力出發,還是從硬實力進場,最終都會在現實中落入四種局勢之一:

- **勝局**:你自帶電力,只需要找出對的信念,用這個信念建立你的生態圈,你的富能量會讓你成為一位有傑出影響力的人!
- **亂局**:混亂充斥著你的內心,雖然不愁錢,但是不確定讓你沒有安全感,經常不知道下一步怎麼走?
- **困局**:遇到瓶頸裹足不前,關鍵時刻難以決斷,經常因為猶豫而錯失發展良機!
- **敗局**:太多挫折與否定讓你產生眾多懷疑,內心的拉扯容易讓你產生許多向下沉淪的負能量!

你現在落在哪一局？就是你下一步該修的課。

每個人的選擇會影響自己當前的局勢。我讓大家看到當自己的「軟實力」碰到「硬實力」，產生出甚麼樣的結果？讓學員自己發現，是那些選擇與決策，影響了自己的人生發展。

當學員看清自己在哪一個局裡，這也就進入「了己四訓」的第三步是：**逆境結善**。每一種局有每一種局的困境，想要破局，就得盤點自身擁有的「籌碼」與可用的資源。

最後是「了己四訓」的第四步是：**順境傳富**。遇到逆境要盤點籌碼，找出資源，突破困境；如果身處順境要善用資源，傳遞智慧，累積福報，讓豐富延續。

第 6 章會再詳談「了己四訓」的四個步驟。

• 富能量行動準則 •

造富，是一種主動選擇的過程，需要具備清晰的目標、正確的策略，以及足夠的「富能量」。

財富的累積與分配，不是單依靠運氣，而是一種決策的結果。「了己四訓」能夠幫助大家認清自己，運用富能量實現財富增長。

13 人型桌遊，找出自己的定位和局勢

延續前一章的「了己四訓」，幫助大家理解如何改變命運，在課堂上我也特別設計了「人型桌遊」（見圖 3-5），作為實際操作工具，讓學員更具體地看見自己的人生定位與所處的局勢。

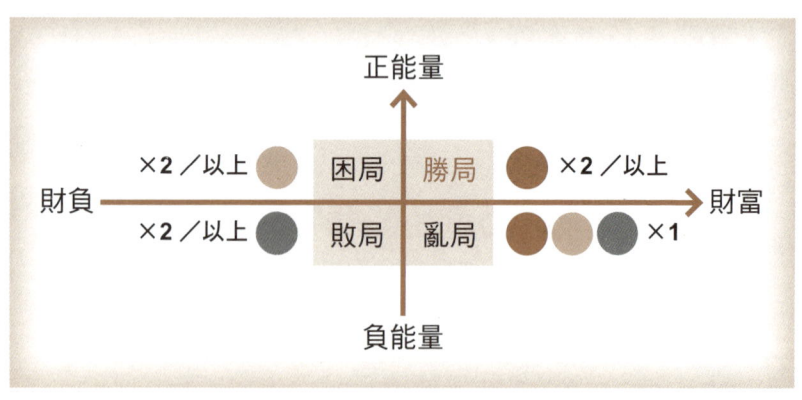

圖 3-5 人型桌遊的牌卡組合

透過這套遊戲化的學習系統，學員會依序抽取牌卡，從顏色與內容中辨識當下的能量狀態。例如，抽到黃卡的學員，代表目前具備正向信念與積極態度；若抽到藍卡或黑卡，則顯示當前可能正面臨某些課題或挑戰。

當卡牌完成組合後，每位學員的狀態便會被歸納到四個局勢之一：亂局、困局、敗局與勝局。

接下來的關鍵就在於──

- 身處亂局的人，如何理出頭緒？
- 深陷困局的人，又該如何突破？
- 經歷失敗的人，能否東山再起？
- 站在勝局的人，又如何維持優勢，持續穩定成長？

這套人型桌遊的設計，不只是讓學員看見自己「在哪裡」，更重要的是引導大家思考：「接下來，我要怎麼走？」

善用能量藍圖轉出亮麗人生

人生如棋，局勢多變。但無論遇到什麼處境──只要大

難不死,就一定有轉機與解方。

當你學會活用「能量藍圖」,並持續吸納來自四面向的富能量,再配合我提出的「造富12法則」,就有機會從「敗局」、「困局」、「亂局」中穩步轉出,邁向「勝局」,甚至實現「常勝」狀態。(見圖3-6)

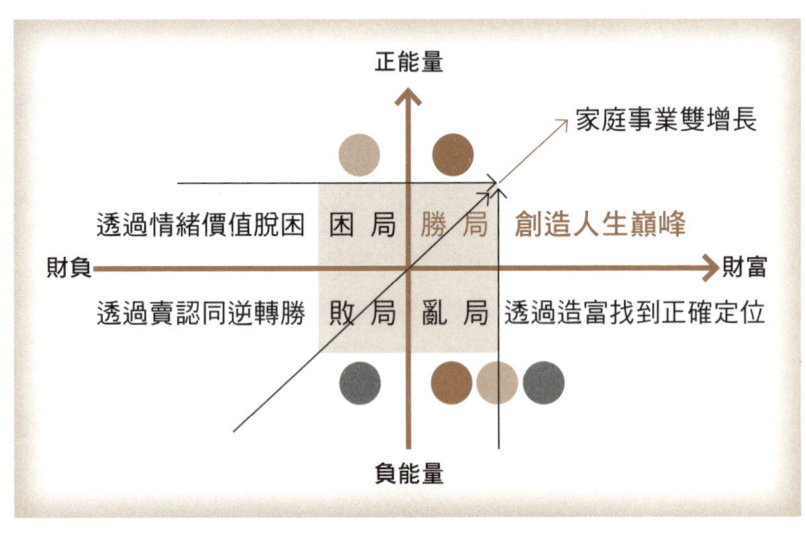

圖 3-6　檢視你的能量藍圖

這套「造富12法則」(見圖3-7),是我多年來在實戰中淬鍊出的行動智慧。即便你正處於人生低谷,只要願意開始運用正確的方法與思維,也能逐步脫困、逆轉,最終找到專屬於自己的成長路徑,開創出屬於你的人生高峰。

造富法則就是結果法則

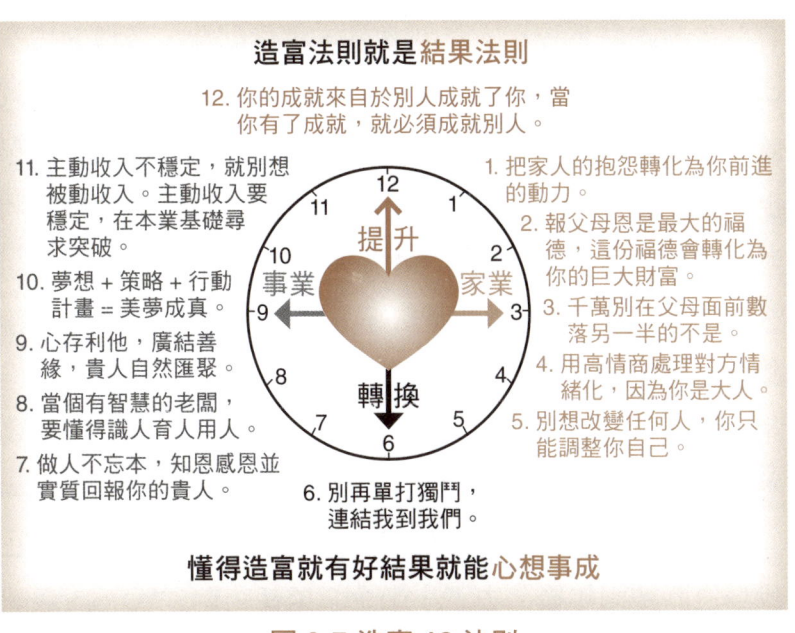

12. 你的成就來自於別人成就了你,當你有了成就,就必須成就別人。

11. 主動收入不穩定,就別想被動收入。主動收入要穩定,在本業基礎尋求突破。

10. 夢想+策略+行動計畫=美夢成真。

9. 心存利他,廣結善緣,貴人自然匯聚。

8. 當個有智慧的老闆,要懂得識人育人用人。

7. 做人不忘本,知恩感恩並實質回報你的貴人。

（時鐘圖：12 提升、3 家業、6 轉換、9 事業）

1. 把家人的抱怨轉化為你前進的動力。

2. 報父母恩是最大的福德,這份福德會轉化為你的巨大財富。

3. 千萬別在父母面前數落另一半的不是。

4. 用高情商處理對方情緒化,因為你是大人。

5. 別想改變任何人,你只能調整你自己。

6. 別再單打獨鬥,連結我到我們。

懂得造富就有好結果就能心想事成

圖 3-7 造富 12 法則

突破困局,情緒為鑰

我們先從「困局」談起。**想要突破「困局」,關鍵就在於 — 情緒管理**。處於困局中的人,往往承受著巨大的情緒壓力,整日陷在自己的情緒裡,行動力幾乎為零。

我常說:「轉念間,造富起。」請記住這句話,它不只是一句口號,而是真正能幫助你走出困局的鑰匙。

我的脾氣不算小。年輕氣盛，早早創業，習慣掌控一切。在工作上，我總是一絲不苟。員工私下都叫我「魔鬼教練」——這不是開玩笑。我曾在廣告公司任職，那時每天早上八點半準時進公司，泡壺茶、放點音樂，調整好情緒與狀態，九點一到，就開始「開罵模式」。

　　文案不行？罵。設計不夠好？也罵。我的員工一個個輪著被叫進辦公室上課（也可說是「受罵」），有些人甚至推開我辦公室的門手都會抖。但我是真心在帶人，很多被我罵過的員工後來都成了業界好手。

　　我印象最深的是一位員工，21歲剛畢業進入公司，在我身邊歷練兩年後，去了小米企業擔任企劃主管，25歲時年薪已達人民幣150萬元。多年後再見，他真誠感謝當年的訓練。我當時的「罵」，並不是發洩情緒，而是一種嚴厲中的賦能。

　　不過，這樣的風格也讓我付出代價。當「罵人」變成日常，我的心情也變得容易煩躁。我送出負能量，自然也收回負能量。當業務量越來越大，來自客戶與員工的抱怨接踵而至，壓力像滾雪球一樣讓我兩度接近憂鬱邊緣。是我太太提醒我：「何不換個方式訓練員工，用鼓勵、正向的能量，也許更有成效。」

　　工作上我雷厲風行、要求完美；但回到家裡，一旦夫妻

有爭執，不論對錯，情緒也容易失控。當一個人容易心情不好，任何地方、任何小事都可能成為導火線。

我開始意識到：**若要維繫家庭，我絕不能讓「情緒」掌控我的人生。**

後來，只要與太太發生爭執，我會選擇「先離開現場」。這不是逃避，而是為了創造冷靜與緩衝的空間。我會走到附近咖啡館，點杯飲料，沉澱情緒。等風平浪靜再回家，順便買些點心，開玩笑地對太太說：「氣這麼久應該餓了吧？吃點東西補一下。」她一笑，氣就消了。

我是巨蟹座，很顧家。我一直相信：「家，是最重要的心靈淨土。」

家，不能成為講道理的戰場，而應該是給予理解與愛的地方。對我而言，最受不了的，就是家庭中的冷戰。大家都不說話，氣氛冰冷，家的溫度就沒了。那樣的沉默，反而讓我更難受。

所以我學會了一件事：**有情緒的時候，不要硬碰硬，而是先離開現場，讓自己轉念。**這看似簡單的動作，其實是高情商的選擇，也成為我婚姻修煉中的重要一課。

婚姻，是一場長期修煉。不能期望改變對方，而是要學會調整自己。

在我提出的「造富12法則」中，前5條都與家庭有

關。你會發現，真正讓人情緒失控的，不是工作，而是家庭關係：夫妻、婆媳、親子、手足……

工作上的情緒，處理完事也就釋懷；但家庭情緒卻容易反覆、纏繞、難解，成為人生最大的「情緒考驗」。

「造富 12 法則」的前五點，專治情緒：

1. 把「家人」的「抱怨」轉化為你前進的動力。
2. 報「父母恩」是最大的福德，這份福德會轉化為你的巨大財富。
3. 千萬別在父母親面前「數落另一半」的不是。
4. 用「高情商」處理對方情緒化，因為你是「大人」。
5. 別想改變任何人，你只能「調整你自己」。

這五點，就是化解情緒的妙法。**只要能把家人之間的關係處理好，其他的情況也會慢慢轉好。**

夫妻要維持良好的關係，關鍵之一就是：一方必須能掌握另一方的情緒狀態。

還是以我太太為例，她的情緒狀態我已經摸得非常熟，其中一種我稱為「炒花枝」*狀態。這種情緒一旦爆發，無論

---

* 台語，就是又吵、又纏、又鬧。

說什麼都沒用。當這種狀況出現時，唯一的做法就是趕緊撤離現場，別跟著吵，否則只會越吵越糟，陷入情緒風暴的漩渦。

還有一種，我稱之為「浪流連」*的狀態。當我看到太太一下餵魚、一下到小花園弄花草，整個人進入「恍神模式」，我大概就知道──她下一步可能會上購物網站、看電視購物頻道，開始買東西了。

這時我就會趕緊說：「走，我們去公園散步。」

主動把她帶離那個恍神狀態，預防她進入消費循環。否則，等我發現時，可能已經失血過多，花了一堆錢買來一堆用不著的東西。這些小事，就可能成為日後爭吵的導火線。防範於未然，總比事後處理更有效。

事實上，一個人一旦「欲望無法被滿足」，就很容易產生抱怨。要避免家庭抱怨，就得熟悉對方的行為習慣與情緒模式。所謂「兵來將擋，水來土掩」，我們的目標是：**把家人的情緒與抱怨，轉化成前進的動力**。

夫妻相處，其實有一個實用的小訣竅：把太太當女兒寵，溫柔照顧；把先生當寵物看，保持距離但不干涉。

只要先生還顧家、不拈花惹草，其他的小毛病就睜一隻眼、閉一隻眼吧！

---

* 台語，指人遊蕩無所事事。

當然，我太太並不完美（相信許多家庭都一樣），但有一點我由衷佩服 —— 她非常孝順我父母。

我們每個人都應該問問自己：我真的知道父母要的是什麼嗎？很多時候，我們以為「對父母好」，其實只是自己認為的好，卻不是父母真正需要的。

婆媳關係也常是家庭衝突來源。我太太雖然愛花錢，但她在婆媳關係上做得非常好。她會主動學習長照照護，細心照顧我母親，從不敷衍，發自內心地好。這份用心與孝順，早已超越她在金錢上的不節制。我打從心底感恩，也正是這份感恩，讓我更懂得包容與看見她的優點。

夫妻之間要常保和諧，關鍵在於：**多看對方的優點，別老是糾結缺點。**

婆媳問題很多時候，其實根源在兒子身上。有些男人回到家，不是支持太太，而是不停碎念、數落對方不是。這麼一來，母親自然會偏袒兒子，一旦她對媳婦產生負面印象，想要再翻轉可就難了。有時候，即便夫妻已和好，婆婆的成見卻還在，這樣的裂痕往往難以修補，對家庭造成的傷害可能是一輩子的。

所以，經營家庭與家業，都不是一件容易的事。我們要真正用心去理解：「父母要的是什麼？伴侶要的是什麼？孩子真正需要的是什麼？」

家庭需要經營,而經營的第一步,就是理解與滿足對方真正的需求。

• 有效脫困的練習 •

- 離開現場,轉念。
- 承認負面情緒,自我反省檢討。
- 重塑信念,不斷對焦,清楚目標。
- 只調整自己,設定簡單可達成的小目標,降低無力感,逐步建立自信。

找回基本籌碼,逆轉「敗局」

「敗局」的突破關鍵是:調整心法與做法。

身處敗局的人,**首要任務是做好情緒管理與能量轉換**。唯有先轉化自己的氣場,遠離抱怨與怨懟,才能將負面情緒化為正向動力,進而在困境中找到突圍的機會。

抱怨,是內耗的開始。 它是最具殺傷力的負能量。最常出現抱怨的地方是哪裡?答案通常是 —— 家人之間。

許多失敗者要翻身,**最關鍵的一步,是找回人生的基本**

富能量思維

籌碼。而這個籌碼，往往不是外在的資源，而是身邊最親近的人 —— 家人。他們既是最容易支持你的人，也可能是最容易遠離你的人。

試問：當你陷入困境、急需金援時，第一個想到的人是誰？大多數人，都是向家人或親戚求助。因為血濃於水、情感深厚，家人是人生中最穩定且值得信賴的資源。所以，維繫良好的家庭關係，不只是情感層面的需要，更是事業與人生逆轉時的重要支柱。

我經常問學員：「你這一生，是來報恩的，還是來報仇的？」

如果你是來報恩的，那麼請用心尊重並珍惜家裡的每一位成員，尤其是父母。把父母當作活菩薩般對待，從心出發，誠摯感恩。

若與父母的關係長期緊張，請主動嘗試去和解與修復。因為別忘了 —— 父母也是被他們的原生家庭所影響的人。他們在成為父母之前，也曾是別人家的孩子，也曾受過傷。

當我們調整心態，用一種更寬容、更成熟的角度看待過去的關係與傷痕，就會發現，很多痛，其實都能被理解，進而被釋放。

正如美國教育家約翰‧布雷蕭（John Bradshaw）在《家庭會傷人》（*Bradshaw On*）一書中所說：「每一個原

生家庭，都會對孩子產生深遠的影響。」有些是正向的、有些是創傷，但即使來自負面經驗，我們依然能夠透過自我覺察，轉化出正能量，重新注入到家庭氛圍之中。

家庭，正是逆轉敗局的起點。

「造富12法則」的前九點，就是「逆轉勝的關鍵支撐」：

1. 把「家人」的「抱怨」轉化為你前進的動力。
2. 報「父母恩」是最大的福德，這份福德會轉化為你的巨大財富。
3. 千萬別在父母親面前「數落另一半」的不是。
4. 用「高情商」處理對方情緒化，因為你是「大人」。
5. 別想改變任何人，你只能「調整你自己」。
6. 別再單打獨鬥，連結我到我們。
7. 做人不忘本，知恩感恩並實質回報你的貴人。
8. 當個有智慧的老闆，要懂得識人育人用人。
9. 心存利他，廣結善緣，貴人自然匯聚。

在敗局中，除了修復家庭關係，另一個關鍵在於：認同自我價值。人在「勝局」時，最容易產生自滿，因此要謹記 —— 此時不要過度相信自己；**但在「敗局」之中，你反而**

一定要相信自己可以。

因為逆轉勝的核心，就是重新建立自信，並積極尋找資源。只要能找到一個可以**翻轉**的突破口，原本看似無力的家庭支持與人脈網絡，也都可能成為**翻身**的關鍵力量。

> **• 逆轉勝的練習 •**
>
> - 改變氣場，遠離抱怨。
> - 誠實面對自己的失敗，徹底檢討。
> - 改變心態、管理情緒、改善家庭關係。
> - 建立和諧人際，為個人發展提供情感支持。
> - 避免自我否定，將失敗視為經驗累積。
> - 尋求外部資源，為自己創造新的機會。

亂局的解決之道：找到正確方向

你是否常常手忙腳亂？許多年輕人都有類似情況——被鬧鐘吵醒，猛然發現自己睡過頭了，可能趕不上公車、開會又要遲到。準備刷牙，發現牙膏擠不出來；換衣服時，發現

襯衫皺巴巴的；隨手從冰箱抓了個麵包就往車站衝，結果門一關，才驚覺手機沒帶……

這種「越急越亂、越亂越慌」的狀態，就是典型的「亂局」。**當你陷入慌亂時，最好的方法是：先停下來，深呼吸，理清思緒，反而能更快找到解決方法。**

亂局的核心特徵是「忙而無序」，缺乏清晰的目標與方向。這時候，釐清事情的「輕重緩急」與「優先順序」最為關鍵。我們就把前述情境分析如下：

重要且緊急 → 立刻處理！
開會可能遲到：是否改搭計程車？或先打電話報備？
忘了帶手機：若前一步穩住，手機也許就不會忘記。

重要但不緊急 → 規劃時間、穩步推進
刷牙：可以在公司準備一副備品，中午飯後再補刷。

不重要但緊急 → 快速處理、勿花太多時間
沒吃早餐肚子餓：前晚準備好簡易營養早餐即可。

不重要且不緊急 → 放後面，甚至可忽略
襯衫皺巴巴：沾點水用手撫平，到公司也能處理。

財務不穩，是上班族最常見的亂局

上班族最常面臨亂局。尤其結婚有家庭的人，上有老、下有小，彷彿活在「焦慮三明治」中。看似有穩定收入，其實缺乏安全感，心裡總覺得：「好像哪裡還差一點。」

擺脫這樣的亂局，第一步是找回財務安全感。關鍵是：穩住正財。

「正財」指的是你的主業、專業與核心收入來源。現在流行「斜槓人生」，很多人什麼都想做，最後卻什麼都做不好。與其貿然開枝散葉，不如深耕一技之長。當你把主業做到極致，收入才會穩定，進而擁有向外拓展的本錢。

這時，就可以進一步補財庫。補財庫，不只是儲蓄，更重要的是經營人脈。**因為「有人斯有財」，人脈就是財庫。**

一顆茶葉蛋的善緣奇蹟

「所長茶葉蛋」的故事你或許聽過 —— 當年林志玲結婚時，送客伴手禮就是這個品牌。誰能想到，一顆茶葉蛋，竟能滾出台灣 30 家分店、甚至與超商聯名，成為傳奇。

這切起於一位派出所所長的「善念」。他煮茶葉蛋，

原本是想讓同仁忙碌之餘有東西裹腹。後來,附近的阿嬤來說:「可不可以買幾顆給孫子吃?」所長不收錢,直接送。

這樣的分享,從幾十顆茶葉蛋變成每週幾千顆,全都是他自掏腰包。這份無私,感動了許多人。即使退休後,大家還是希望能吃到他的茶葉蛋,才促使他在 60 歲時創業,創立了「所長茶葉蛋」。

這不是茶葉蛋的味道贏了,而是善緣的力量創造了品牌奇蹟。他用一顆茶葉蛋,串聯人情,累積貴人,最終用「善」熬成了一份事業。

所以,與其煩惱現在一團亂,不如重新整頓節奏:穩住正財、補足財庫,並從善緣中累積人脈與支持力。

不要急著「斜槓」,先讓自己在主業中穩如磐石;也不要害怕看似微小的善舉,一顆茶葉蛋也能成就品牌傳奇。掌握方向、穩定情緒、行動有序,你的亂局也能慢慢轉為勝局。想想看,我們能用什麼方式,來為自己「補財庫」呢?

富能量思維

> **・亂局的練習・**
> - 深呼吸,自我反思。
> - 把當前的任務和目標,列出優先排序、輕重緩急。
> - 尋求專業協助,透過他人的成功經驗,找到適合自己的發展路徑。

勝局的挑戰:不是達成,而是維持

「勝局」最大的挑戰,不是達成,而是如何維持成功並持續成長。此時,關鍵就在於能否做到「家業與事業雙修」。

所謂「人型桌遊」,其實是一種人生局勢模型:

- 處於「**敗局**」的人,往往身陷最低潮,不論是財務、情感還是事業幾乎全面崩盤。財庫為負,信心重挫,經常伴隨深重的絕望感。
- 處於「**困局**」的人,則缺乏明確方向,情緒壓力沉重,進退維谷,不知所措。
- 處於「**亂局**」的人,看似忙碌,實則毫無章法,缺

乏長遠規劃,常陷於低效或無效的重複勞動之中。
- 處於「**勝局**」的人,則處於相對順境。財庫為正,事情步入正軌,成就感與幸福感同步提升。但正因如此,若稍有得意忘形、鬆懈自律,往往「爬得越高,摔得越重」,容易從巔峰失足而下。

> **・勝局的練習・**
>
> - 謙虛,定期省思,檢視事業與家庭是否處於平衡狀態。
> - 定期與家人溝通,共同面對生活中的挑戰。
> - 學習新知識,保持競爭力。

無論你目前的人生處於哪一個局勢,都需要「富能量」的四大面向作為穩定的基石,包括:情緒管理、家庭經營、財富突破、事業成長。

- 「情緒管理」的核心在於「轉念」,學會擺脫負能量,尤其是停止抱怨。
- 「家庭經營」,其實沒有想像中那麼困難,關鍵在於持續對焦。有時候,一個簡單的擁抱、一張寫著

「謝謝」「我愛你」的卡片，就能化解多年累積的心結。
- 很多困境，其實源於「財務壓力」。守住「正財」至關重要，更要懂得「補財庫」，讓生活升級，也讓你愛的人、愛你的人，能夠一起過上更好的日子。至於如何補財庫，下一章將詳細解說。
- 若要讓勝局維持長期穩定，關鍵在於「事業的持續成長」。

這四個局勢，加上這四大核心面向，便構築出一套結合心理學、自我探索與商業策略的「造富12法則」。學習並實踐這套方法，你就能成功翻轉命運，打造屬於自己的富能量人生。

> 學員造富分享 ❼

從藝術教育打造富能量

—— Tracy，兒童藝術教室創辦人

　　我是一位深耕兒童藝術教育超過十年的創業者，與先生共同經營兩間美術教室。那段時間，我們正陷入一個不上不下的瓶頸期 —— 營業額難以突破，心中明明知道「少子化」已經改變了整個產業環境，也意識到我們必須轉型、擴大，甚至複製成功模式，卻不知道該從哪裡開始。每天忙到深夜，卻始終有一種「努力沒有變化」的無力感。

　　直到某天，老師在課堂上分享了「富能量」這個概念。我當時只是抱著「聽聽看也好」的心態報名了活動，沒想到短短兩天的課程，卻像是打開了我多年來卡住的那一扇門。

　　那一刻我才理解，原來這些年學習的心靈課程，不只是自我療癒的工具，而是可以和創業結合、讓生命擴展的力量。而富能量，就是那個平衡點 —— 從內在出發，轉化為真正的行動與影響力。

　　對我來說，富能量最重要的實踐方式，是「相信」——相信我能夠變得更好，也能帶著他人一起變得更好。老師在課程中強調「利他」的思維，提醒我們：「每個人都是彼此的貴人」。我開始用這個角度去看待人與人之間的連結，從競爭轉為合作，從計較轉為支持，從索取轉為給予。我的內在狀態變了，能量也跟著流動起來。

上完課後短短三個月，我的生命開始出現令人驚喜的轉變 —— 當我主動成就別人時，那些我一直夢想卻遲遲未能實現的事情，竟一件一件水到渠成。人脈、資源、機會接連出現，藝術教育不再只是教室裡的工作，而開始轉化成更大的親子教育平台。從一位美術老師，到整合資源、跨界合作，我找到了事業的擴張方式，也找到屬於我自己的影響力。

如果你現在也正卡住，我想送你一句話：

「你的成就來自於別人成就了你，當你有了成就，也要去成就別人。」

這就是富能量真正的本質。我已經開始實踐了，你也一起來吧！

第 4 章

打造內外兼具的富能量體質

14 正財之道：
穩住你的收入基本盤

「正財」是財庫的根本，更是富能量的基石。

什麼是「正財」？簡單來說，就是你的薪水 —— 透過自身專業穩定取得的、持續性的收入，這就叫「正財」。

我一直都沒有什麼偏財運，所以從年輕時起，就堅持靠踏實經營本業來累積財富。很多人沒有這種意識，明明本業還沒有打穩基礎，就急著「斜槓」，想透過第二份收入來賺外快。結果往往是時間和精力被分散，搞得自己疲憊不堪，卻沒換來實質性的成長或回報。

此外，大部分人其實都有「賭徒心態」，總覺得可以一把翻身。我有個朋友，每天花 100 元買樂透，雖然偶爾中點小獎，但從沒中過大獎，長期下來都是「贏小輸大」。這種小錢別小看，積沙成塔其實很可觀。

舉個例子：如果你每天花 100 元買樂透，12 個月下來就是 36,000 元，年底這筆錢其實可以買一台筆電，而且不用刷卡分期、背上利息壓力。

再說，很多人習慣每天一杯咖啡，覺得是生活中的小確幸。這無可厚非，但也值得思考：現在這樣的「小幸福」，跟你未來的財務目標相比，到底值不值得？會不會這樣的日常開銷，反而削弱了你應付重大支出的能力？

換個角度來想：一天省下一杯咖啡錢，一年下來就能多一筆可觀儲蓄。原本能換一台筆電，如果再克制幾年，說不定這筆錢就能湊出一筆房子的頭期款。**小錢若能妥善管理，未來的大錢就不會那麼遙不可及。**

更要留意的是，不要落入高風險獲利的陷阱。現在很多人夢想「被動收入」、追求「快錢」，但這樣的心態也讓詐騙集團有機可乘。

詐騙最常鎖定的對象，就是那些容易心動、缺乏警覺、渴望快速翻身的人。他們會利用各種心理弱點精心設計騙局，尤其現在網路發達，一個連結、一個錯誤的操作，可能就讓你多年的積蓄一夕歸零。

專注本業，避免陷入窮忙

只要是那種「高報酬、零風險」、「穩賺不賠」的機會，都千萬不要碰。一旦沾上邊，很容易被洗腦，陷入陷阱，最終可能「賠了夫人又折兵」。盲目追求快速致富，只會讓你陷入「窮忙」：越忙越窮，越窮越忙，惡性循環。

所以，我總是提醒學生：

第一步：穩固本業，確保經濟來源

一定要先把本業穩住，確保主要的經濟來源穩定。當沒有後顧之憂時，才有本錢考慮發展其他收入管道。

如果本業尚未穩定，即使是正當投資 —— 例如股票、房地產、直銷，甚至新興的投資工具 —— 都會帶來風險。因為這些項目需要花費大量時間與精力去研究與判斷，而且往往受市場波動影響，無法完全掌控。萬一投資失利，不僅影響生活品質，還可能拖垮主業，導致兩邊都顧不好。

相比之下，**最可控、最穩定的財富來源永遠是你的專業與本業**。專業能力是你可以持續累積、長期耕耘的資產。無論何時，務必優先經營好自己的核心工作，打造穩健的收入結構與職涯根基。

第二步：回歸本心，專注精進專業

當你已經穩住本業的基本盤，下一步要做的，就是深耕專業，精進技術與知識。這時候，很多副業機會會自然而然地浮現。

這世界有一種規律：當你持續朝著正確的方向努力，時機成熟時，機會就會順勢而來。我常說：「**副業，往往是專業的延伸。**」當一個人的專業能力累積到一定深度，市場自然會釋放出額外的機會。

舉例來說，一位資深的程式設計師，當他的技術達到高水準時，可能會接到顧問邀請、企業內訓、講座演講，甚至參與專案合作。這些收入雖然不是主業的一部分，但卻是來自專業的延伸，是自然生長出來的「副業成果」。

所以，不必著急東抓西碰。**與其盲目嘗試各種副業，不如耐心深耕主業，把專業做到極致**。這樣做不僅能提升財務穩定度，還能強化自身的市場競爭力與價值，更重要的是：降低風險、提升收益，走得穩健又長遠。

> **・富能量練習題・**
>
> 問問自己：「我的本業夠穩固了嗎？」
>
> 不要急著斜槓，先穩固本業，並持續提升自己的專業能力。當你的價值提升，機會自然會隨之而來，額外收入也會水到渠成。
>
> 穩固本業，未來選擇會更多！只有當你確保本業無後顧之憂時，再來考慮其他選擇，這才是最穩健且長遠的財富累積之道。

利他思維如何改變財富流向

人生有三大要務：本業、事業與家業。如果能夠專注經營好「本業」，往往就能穩定發展「事業」，並圓滿經營「家業」。

試著想想看，我們每天有 24 小時，其中大約 8 小時投入在工作上，另外 8 小時與家庭相處，其餘則是休息睡眠。可見，事業在我們的人生中占據極大的比重，而事業的穩定，更是維繫家庭幸福的基礎。倘若事業無法穩固，經濟壓力往往會直接衝擊家庭關係，甚至引發爭吵、導致破裂。

所以，**發展事業的首要關鍵，是把自己穩穩拉回「正財」的軌道，不為了短期利益而誤入「偏財」之路**。偏離本業基礎，急於尋求快速致富的捷徑，往往會反而失去長期穩定發展的機會。

談到正財的累積，其實與我常提的「贏銷」密不可分。無論你身處哪個行業，最終都無法脫離「銷售」這個核心。因此，**無論擔任哪一種職務，都不能只從「自己會什麼」的角度出發，而應該從「市場需要什麼、消費者在乎什麼」來思考**。

舉例來說，一位優秀的產品設計師，必須理解消費者的需求與偏好，才能設計出真正能打動市場的產品。過去，台灣長期重視技術導向的教育與培訓，培養了大量優秀的技術人才，但這些人才往往忽略了最核心的關鍵 —— 市場需求與用戶感受。

這個觀念不限於創業者或專業人士。**即使你是一位基層職員，也應該培養「市場視角」，懂得從主管、老闆的角度來看事情**。這不僅讓你在職場上更順利，也能讓你在日常表現中展現更高的價值。正如我常提醒學生的一句話：

「不要只顧著低頭做事，記得抬頭看路。」

富能量思維

除了做事，更重要的是看清產業的走向、理解組織的需求、洞察人心的變化。**懂得觀察人性、同理他人，你才能真正展現出影響力與競爭力。**

這也呼應我在課堂上常強調的一個觀念：要換位思考，改變你對「人稱」的排序。

- 「你」（他人、客戶、主管）應該是第一人稱
- 「我」是第二人稱
- 「它」（市場環境）則是第三人稱

• 富能量練習題 •

問問自己：**「利他會損己嗎？」**

乍看之下，利他好像會損己，其實自己的利益一點也沒減少，反而是自己得到更多。深刻去看：

利他能夠帶來「合作」。即便是短期的利他行為，也都能帶來「長期回報」。利他的這種行為，是讓利益流向更多人，等於將財富的流向改變，帶入更廣泛的社會大眾，不僅改善他人的生活，也能為自己創造更多的機會和財富，所以最終，仍然是自己受益。

當你把對方的需求放在第一順位，利他的思維自然啟動，從中反而創造更多屬於你的價值。這樣的思維轉換，不僅能改變你與他人的關係，更能改變你與財富之間的距離。

事業家業如何雙修

在追求「事業」與「家業」雙修的過程中，有兩個關鍵要素不可忽視：

第一個關鍵是：情緒管理

佛家有言：「一把火，燒功德林。」意思是，一個衝動的情緒，可能毀掉多年努力的成果。許多人辛苦打下事業基礎，卻因為一次情緒失控而前功盡棄。一個人若無法管理好自己的情緒，人生往往會反覆歸零，陷入負能量的循環。因為情緒影響決策，決策引導行動，而行動則形塑未來。

情緒管理容易嗎？說實話，不容易。它需要鍛鍊，就像健身一樣。**想擁有穩定的情緒狀態，必須透過持續的練習。**例如：當你感受到怒氣、焦慮或悲傷時，先深呼吸、寫下感受，或找值得信任的人傾訴，用溫和的方式將情緒適度釋

富能量思維

放。這些就是基本的情緒調節方法。

接著，就是「轉念」。**學會看見事物光明的一面。每一次挫折背後，往往藏著成長的機會**。當我們改變看事情的角度，情緒自然穩定許多。人生如同衝浪運動，在情緒的波動中學會找到平衡，你才能在現實生活的風浪裡穩住自己。

我常看到一種職場現象：有人遇到瓶頸就選擇跳槽，結果到了新環境，問題依然重現，職涯就此停滯不前。**問題不是工作，而是情緒管理與問題解決的能力沒有提升**。例如，我有位朋友工作能力很好，做事認真，卻總是將簡單的事複雜化。像是舉辦一場講座，她會花很多時間確保一切細節都完美無瑕，講座可能成功舉辦，但是卻忽略了講座以外更重要的事情，例如：如何擴大客群、如何整合有效資源、如何擴大營收等這些大事，這種「抓小放大」的性格，直接限縮了自己的發展空間，也容易讓自己陷入細節閃失而產生的負面情緒，這非常不利於自身的職涯發展。

第二個關鍵是：時間管理

要做到事業家業雙修，時間管理至關重要。我能夠高效處理各種工作任務，很大一部分歸功於時間的規劃與自律。我清楚掌握每一段時間該完成什麼任務，透過有效的表格與

計畫工具，確保自己始終朝目標前進。

　　我習慣從年度目標開始規劃，例如：招生要達成多少人數？是否拓展海外市場？再往下分為月計畫：每月安排幾場講座、多少堂課、哪些分院要舉辦活動？最後再落實為週計畫，明確安排每週的行動項目。這樣的分層規劃，能讓整體運作更有條理，減少焦慮與混亂。

　　當然，計畫趕不上變化是常態。以某次「第 6 期富能量課程」為例，因碰上過年，報名人數僅有 10 人。以往課程至少要 30 人才能帶起現場氛圍，這對教學效果確實是一種挑戰。但我立刻轉念思考：人少不見得是壞事，反而可以轉化成小班精緻教學的優勢。

　　我打出一個字：「省」，問大家怎麼解釋？有人笑說：「人少，茶點場地都省！」但我說：「這個『省』，不是節省，而是『省思』。」反思什麼？招生流程是否需要調整？課程內容是否更貼近需求？我們能否創新教學方法？

　　我也分享了自己從「壞學生」到「副教授」的經歷：當年住在學校宿舍，每天晚上 10 點宿舍門禁一過，才是我真正開始活動的時候。我熟悉學校的每一個翻牆點，圍牆上至今應該還殘留我的指紋。跟同學在外鬼混到凌晨 2 點，再沿著同樣的路徑溜回宿舍，這就是我當時的「生活路徑」。在老師眼中，我是一個標準的「問題學生」，沒人想到，若

干年後,我會回到母校,成為老師,甚至協助開設產業碩士班,獲得「榮譽校友」的肯定。

這段故事,是我那堂課的開場白。那次課程激起許多學員的共鳴。我想傳達的是:**再怎麼不被看好的人,只要願意不放棄、不抱怨,靠著「富能量」這把劍,一樣可以翻轉命運,走出屬於自己的人生道路。**

・富能量練習題・

問問自己:「我是否真正掌控了自己能控制的事物?」

與其不斷埋怨、頻換工作、到處找賺快錢的捷徑,還不如先探索自己:是否能掌控情緒與時間?

能掌握自己的情緒、時間,就能穩住人生,清楚目標,未來的發展將不再充滿不確定性,而是一步步朝著成功邁進。

設計正財目標的四大清單

人生是可以改變的,而推動這股改變的力量,正是我所說的「富能量」。

我想分享一段至今仍令我不勝唏噓、深感遺憾的往事：

求學時期，我曾租住在一戶人家中。房東一家人對我們不錯，態度和善，但奇怪的是，這個家庭的氣氛總是充滿爭吵 —— 夫妻失和、父女對立、母女之間也時常發生衝突，家中幾乎從未有過安寧。

對於從小在幸福家庭中長大的我來說，這樣的場景讓我極為震驚與難過。我記得有一晚，房東的女兒在情緒崩潰下割腕自殺。是我們三個室友一起將她送上救護車，那一幕，至今仍深深烙印在我心中。

我難以想像，一個家庭竟能破碎到如此程度。更令人心痛的是，不久後，這個家庭便真正「家破人亡」：房東太太因癌症去世，房東則因糖尿病併發症過世，而那位女兒，最終沒能走出心理陰影⋯⋯原本完整的家庭，就這樣消失了。

直到今天，每次回想起這段經歷，我都會問自己：

如果當時，我就已經擁有這一身「富能量」，是否就有機會影響他們、幫助他們轉念、走出困境？是否能改變他們的命運？

正是因為這段經歷，我更加堅信，也真心希望：每個人都能學習這種「**翻轉人生**」的力量，擁有富能量，走出自

己的困境！而**實現財富與人生轉變的關鍵，就在於設立清晰的「正財目標」，這目標包含四個步驟：轉念、家業、補財庫、夢想實現。**（見圖 4-1）

四張清單就是富能量燈塔

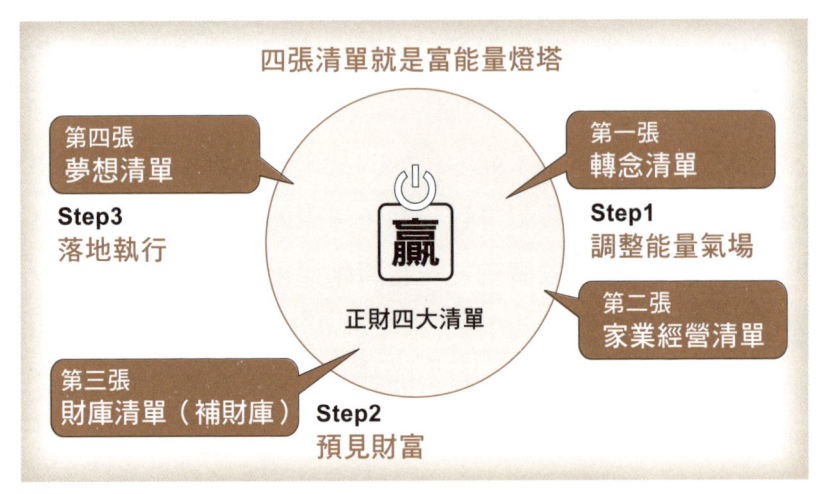

- 第四張 夢想清單 — Step3 落地執行
- 第一張 轉念清單 — Step1 調整能量氣場
- 第二張 家業經營清單
- 第三張 財庫清單（補財庫）— Step2 預見財富

正財四大清單

圖 4-1　最重要的四張正財清單

這四個步驟，具體落實在「四張清單」中。這四張清單，就像一座富能量的燈塔，一步步引導我們轉換思維、穩定家業、累積財富，最終實現夢想。

1. 轉念清單：把抱怨轉為動力

一切的改變，都來自於心態的調整。當我們改變思維、

用不同的角度看待世界,行動也會隨之改變,而結果自然就不同了。

首先,**你需要清楚地列出自己想要改變的負面信念,並主動找到可以取代它的正向信念。**當你開始練習「轉念」,正財的能量就會開始流動。(見圖 4-2)

清單 1. 轉念清單(把抱怨轉化為動力)		
家人、員工、老闆、周遭人對你的抱怨	轉化為動力的方法	實踐日

圖 4-2 轉念清單

我曾有一位學員,剛開始總覺得自己起步太晚、又沒有背景,內心常常對自己說:「我不行」、「我學不來」。這樣的負面信念,使她在每次實作時都顯得緊張、不敢嘗試。

有一次課堂上,我請她寫下自己的「轉念清單」。她將「我不行」改寫成「我可以慢慢學」,把「我沒有資源」轉

成「我可以主動連結,請教前輩」。她開始每天練習這些新的信念,也主動參與課堂討論。

幾週後,她的整體氣場明顯改變 —— 不僅表現進步,還陸續接到試做與合作的機會。原來,**當信念轉變,行動和結果也會跟著改變。這就是「轉念」的力量。**

2. 家業經營清單:家業好,財富自然穩

家庭與事業密不可分,家業經營得好,財富自然穩定成長。這張清單能幫助你盤點家庭成員的角色、關係與挑戰,確保彼此的目標能對焦一致。(見圖 4-3)

清單 2. 家業經營清單		
家人關係	思考對方真正想要的是什麼	實踐―自我調整
父母關係		
夫妻關係		
親子關係		

圖 4-3 家業經營清單

很多時候，**家庭問題的根源在於，溝通不良或價值觀差異，而我們能做的，就是先調整自己，才能帶動整體的改變。**

我的學生中，有些人在家族企業中與父親共事，常因為做事方式不同而爭執不斷。年輕人認為，自己帶回的新觀念可以幫助公司轉型；但父親總覺得這些想法太創新、不夠務實，甚至不尊重傳統。

這對父子一起共事，讓關係一度緊張，影響了公司氛圍，連家人聚餐都變得沉默。

後來，他參加了我的課程，學會使用「家業經營清單」，開始梳理每一位家庭成員的角色與想法。他主動站在父親的立場思考，先從理解長輩的堅持出發，再試著溝通自己的期待。

兩人逐漸找到交集，家庭關係也慢慢回暖；家庭和諧後，企業運作也順利起來。

原來，當我們願意先改變自己，家業的能量就會跟著流動起來。

3. 財庫清單：補財庫的三道金流

打造穩定財庫，需要開啟三道金流：工作流、人脈流、

家庭流。（見圖 4-4）

我的學生中，不乏「月光族」——到了月底，薪水幾乎花光。這些學生一加入我的課程，就要開始運用「財庫清單」的概念，重新盤點自己的金流結構。

清單 3 財庫清單（補財庫）				
財庫三道金流	利他具體作法	補財富能力	實踐日
工作流			
人脈流			
家庭流			

圖 4-4　財庫清單

好比有位從事文藝表演工作的學生，過去靠接案維生，收入極不穩定。首先，他得穩定工作流。這不一定是去當上班族，而是要與幾家表演經紀公司建立長期合作關係，讓案源穩定下來；接著，要主動經營人脈流，多參與行業交流，透過信任鏈，獲得更多資源與機會。

當然，也絕對不能忽略家庭流，要與另一半溝通財務規劃，將雙方收入合理分配，共同儲蓄與投資，減少不必要的支出。

只要懂得串連這三道金流，財務自然就會開始穩定，每月甚至還能有盈餘，投入到自我成長與進修中。

大家要學習的，**不只是如何賺錢，而是如何用「富能量」吸引金錢**，再讓金錢順著這三道金流自然流動起來，最終達到真正的財富自由。

4. 夢想清單：夢想值得好好被對待和落實

這張清單，幫助你明確看見：當財富穩固、家業有基礎後，你人生真正想實現的是什麼？

有些人夢想開一間咖啡館，打造自己理想的生活方式；有些人想創建一個教育品牌，改變孩子們的未來；也有人希望回饋社會，成立基金會幫助弱勢。**不論夢想大小，只要是真心渴望，就值得被好好對待與落實。**

夢想清單共有五個欄位：（見圖 4-4）

1. **我的夢想**：清楚描述你最渴望實現的夢想。
2. **已具備條件或資源**：你目前有哪些人脈、能力或財力已具備？
3. **尚缺條件或資源**：還需要什麼資金、技術、知識、時間？

4. **向外借力**：可以向誰請教、合作、尋求支援？貴人在哪？
5. **行動計畫**：分階段具體列出下一步的實作策略。

清單 4 夢想清單				
我的夢想	已具備條件／資源	尚缺條件／資源	向外借力	行動計畫

圖 4-5　夢想清單

透過這張表，你會發現，夢想不再只是空想，而是可以拆解、安排、實現的具體目標。

這四張清單，不僅能幫助我們釐清人生方向，更是打造長久財富與幸福的關鍵地圖。請記住：**你無法改變他人，但你可以先從改變自己開始**。

當你調整自己的頻率，內在穩定、能量提升，整個世界也會開始給你富向的回應。每一次自我成長的選擇，都是為幸福與成功奠基的行動。

> 學員造富分享 ❽ **讓自己發電的轉化旅程**
> ── 阿克，郡珵空間設計事務所總監

我是空間設計師，擔任郡珵空間設計事務所總監。走入設計這條路，至今已有近 15 年。與其說這是一段職涯，不如說是一次深刻的生命體驗。我走過迷惘、經歷堅持，從室內設計、軟裝美學到身心整合，始終相信：設計不只是視覺，而是一種生活態度的實現。

我認真鑽研專業、追求作品的深度，卻在現實中發現 ── 再多的技巧，也無法填補內在能量的缺口。創業壓力、家庭關係，讓我逐漸失去平衡。我努力前行，卻總覺得「能量不夠用」，尤其當最親近的人不理解你時，那種內耗感令人沮喪 ── 我懂得設計空間，卻不懂得設計自己的能量場。

就在那時，我遇見了「富能量電力公司」這堂課。

原本以為又是一堂心靈雞湯或效率術課程，沒想到短短幾堂課，卻像一組精準的內在工程圖，重新為我接上了斷電的自己。

老師所提出的「富能量 12 法則」，不是空泛口號，而是一套可以落地實踐、幫助人生系統升級的內建程式。我開始把這些法則，具體運用在生活與事業中：

- 法則 1：把家人的抱怨轉化為前進的動力。批評不再是

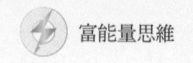

壓力，而是提醒；我學會站在更高的位置看事情，情緒成了指標，而非絆腳石。

- 法則 4：別再單打獨鬥，從我到我們。從設計一條龍到建立團隊協作，我從設計者轉化為整合者，從控制到信任，設計不再只是一人之事。

- 法則 8：在本業基礎上尋求突破。我深化了對設計的理解 —— 不再只追求「好看」，而是打造真正「讓人住得安心」的空間，結合動線、情緒、五感與能量流動，設計變成一種療癒的載體。

- 法則 12：高情商回應情緒，因為你是大人。我將設計師的敏銳，轉化為同理與理解，從反應到回應，從防衛到包容。

這些轉變，讓我從一位事事親力親為的職人，蛻變成一位有願景、有情感張力的引導者。

我不只是「做設計」的人，而是能讓人「感受到能量」的空間創造者。

如果你也卡住了，或者也像過去的我一樣，覺得自己努力卻始終在消耗自己，那麼「讓自己先發光，才有餘裕照亮別人；你的能量，就是你最強的資產。」

富能量不只是一套方法，更是一種可以啟動的內建狀態。

你，只需要選擇打開開關而已。

15 脫困之道：
破解敗局與困局的解藥

你清楚自己目前正處於什麼樣的局勢嗎？許多人自我感覺良好，卻渾然不覺自己早已陷入困局，甚至是敗局。

如果無法誠實看見現狀，就無從找出破局之道，更遑論**翻轉**人生。我特別設計了一堂課，幫助學員剖析個人所處的局勢，從精神狀態、職涯發展、財務結構等多個面向切入，深入梳理你目前的關鍵問題，進而找出突破瓶頸的契機與行動方向。

處於困局的 3 大跡象

陷入「敗局」與「困局」，等於被困在一種惡性循環中。這樣的狀態會讓焦慮不斷擴大，進而影響判斷力，最後

可能出現兩種極端情況：

1. 有錢的亂投資：被高報酬的假象吸引，例如比特幣暴漲或各類高收益項目，結果反而被割韭菜。
2. 沒錢的易受騙：因對未來感到恐懼與無助，容易盲目相信「快速致富」的機會。在缺乏清晰目標與穩定心智的狀態下，情緒更容易失控，進一步陷入困境。

如果你發現自己出現以下狀況，就要特別留意：

- 優柔寡斷、選擇困難：在關鍵時刻總是猶豫不決，遲遲無法做出選擇。
- 技術導向、忽略市場：專注在技術細節，卻忽視市場與消費者需求，導致職涯發展停滯。
- 時不我予、自我否定：長期受外界否定影響，逐漸陷入自我懷疑與內耗。

這些狀況交織起來，就是「困局」與「敗局」的警訊號。這時人最焦慮的，往往不是眼前的金錢，而是無法看到未來的希望與成長空間。尤其在通膨壓力與物價上漲的環境下，收入不變、生活成本增加，更加深這種無力感。

擺脫困局的兩個翻轉鍵

第一個翻轉鍵：正向心靈的覺醒

這不是一句「想開一點」就能解決的事，而是要從內在開始改變。**透過具體行動與自我鍛鍊，穩定情緒、建立信念，才能讓自己慢慢走出焦慮，回到有力的狀態。**唯有先穩住心，你才有能力重新掌握家庭與事業的主控權。

第二個翻轉鍵：找到正確的賺錢方法

在這個資訊氾濫的年代，表面上機會無限，實際上陷阱處處。很多人被高報酬的幻想吸引，卻忘了問一句：「這能長久嗎？」**真正穩健的財務成長，是靠理解金流、管理風險與建立可持續的策略。**我會一步步協助你，找出最適合自己的財務成長方式。

這兩個翻轉鍵必須同步進行。光有行動沒有信念，很容易半途而廢；只有想法沒有方法，也無法真正**翻轉**。請記住：不要再讓負面情緒牽著鼻子走，從此刻起，做一個有意識的人，勇敢翻轉自己的人生！

> **• 富能量練習題 •**
>
> 問自己一個問題:「**我現在的情緒是負面的嗎?**」
>
> 這是一個非常重要的問題,因為情緒會影響我們的判斷、行動,甚至財務狀況。如果你發現自己經常處於負面情緒中,感到:焦慮、憤怒、無助、悲觀,即刻停下來,好好的觀察自己:
>
> - 這些負面情緒從何而來?
> - 是哪些事情讓我感到壓力、焦慮或不安?
> - 這些情緒對我的生活、決策、賺錢方式有什麼影響?
> - 我可以怎麼做來調整自己的心態?

困局不再困:走出低潮的具體練習指南

接下來,我要幫助你真正「覺醒」,建立正向心靈。以下是幾個具體且有效的實踐方法:

改變思維模式:從「受害者」變成「創造者」

你有沒有發現,很多癌症患者在得知自己罹癌時,第

一反應是:「為什麼是我?」「我怎麼這麼倒楣?」這種想法,只會讓人越來越無力。真正該問的是:

- **「這件事發生在我身上,能帶給我什麼成長?」**
- **「我現在能做些什麼來改善現狀?」**

當我們開始思考解決方法,而不是陷在埋怨裡,其實,就已經踏上了正向心靈的第一步。

建立「感恩習慣」,提升內在能量

感恩,是最能快速轉換能量的方式。每天花幾分鐘,寫下三件讓你感到感恩的小事,哪怕只是:

- 今天天氣很好,
- 有人對我微笑,
- 喝到一杯好喝的咖啡。

這些看似平凡的小確幸,能夠幫助你聚焦在「生活中的美好」,而不是「人生中的缺失」。一旦這個習慣養成,你的心靈狀態自然會朝向積極、穩定。

富能量思維

遠離負能量,提升自己的「能量場」

人的心靈狀態會被環境影響。如果你身邊的人總是抱怨、批評、消極,那你的能量場也會被拉低。請記住:

- **少看負面新聞。**
- **遠離愛抱怨的人。**
- **多閱讀啟發性的好書,參加有成長氛圍的社群。**

你接觸的是什麼人、什麼內容,就會決定你能量的頻率。

掌握呼吸與靜心練習,讓心回到當下

每天花 5 ～ 10 分鐘做深呼吸,閉上眼睛,讓自己沉靜。 對曾經做錯的事情說聲對不起,誠實面對恐懼與焦慮。

你會發現,大部分壓力來自「對未來的擔憂」,而不是當下的問題。穩定情緒後,你會感到清晰與集中,做決策也會更有力量。

這樣的練習,會逐步釋放你內在的壓力,也一點一滴增強內心的穩定感。

設定「利他」行動，讓能量流動起來

利他，會讓你變得更強大。

真正的正向心靈，不只是讓自己變好，更能幫助別人變好。當你幫助別人時，在你需要時，他們也會回來拉你一把。這就是「互為貴人」的力量。

當資源開始彼此連結，你的格局會打開，視野會拉高，資源自然也會變多。這就是能量流動、財富流動的開始。

行動帶來改變，停止過度思考

很多人卡在「想太多、做太少」的狀態。心靈覺醒，不是「想通了」才會出現，而是「做了」才會發生。例如：

- 想健康，就從每天走 5,000 步開始，而不是等「有空再說」。
- 想英文變好，就從每天聽 10 分鐘英文開始，不練，怎麼會進步？

企業常說「PDAC」：Plan（計畫）→ Do（執行）→ Action（持續行動）→ Check（檢視修正）。**光是想，那是**

富能量思維

空談;行動了,才會知道問題在哪裡,才能調整、突破。

真正的心靈覺醒,是「動起來」,不是「想開了」。

> **· 富能量練習題 ·**
>
> 問問自己:「我如何開始創造自己的價值?」
>
> 你有什麼專長可以分享給別人?比如幫助朋友解決問題,或者提供一些有價值的建議?盡量找出有利於他人的事情,並且開始免費提供協協助。
>
> 當你向他人伸出援手,無論是物質上的幫助、情感上的支持,還是無條件的愛與關懷,都會在對方的心中播下善意的種子,這些善意最終會回到自己身上,正所謂:贈人玫瑰,手留餘香。
>
> 從小事開始:今天起開始幫助一個朋友,給陌生人一個微笑,或者主動給予支持。

調整氣場,改變局勢

以前有句廣告詞這麼說:「想刮別人的鬍子,先刮自己的鬍子。」同樣的道理,想賺別人的錢,先問問自己是否具備讓錢願意靠近的能量。

早期的我，給人的感覺是強勢、充滿狼性，一股不容質疑的氣場。很多人看到我，直覺反應就是：「這個人不好接近，壓力好大。」那時候的我，臉上很少有笑容，總是眉頭緊鎖、一肩扛下所有責任，像項羽般孤軍奮戰、衝鋒陷陣。

但後來，我學會了劉邦的智慧：「用人為才，重視團隊。」當我開始懂得鬆手、信任他人，整個局勢便出現轉變。我變得柔和、願意微笑，開始學會放鬆自己，也從「一匹狼」變成擁抱共好的團隊型領導。這種氣場一變，同頻的夥伴、貴人與資源，自然而然就靠近了。

氣場是隱形的，但影響力卻是具體的。當你的氣場正向穩定，貴人就會靠近，機會也會源源不絕。**要找到正確的賺錢方法，第一步不是技術或資源，而是 —— 調整你的氣場，改變你所處的局勢。**

請靜下心來問問自己：你此刻的氣場，是什麼樣子？

- 是積極進取？還是消極怠惰？
- 是沉穩果斷？還是猶豫不決？
- 是誠信可靠？還是言而無信？
- 是關愛家人？還是常常忽略親情？

這些行為，都是你內在氣場的外顯投射。如果你長期處

於負向氣場中,就很容易陷入困局,越陷越深。而氣場一旦轉正,不只情緒穩定、行動力提升,吸引力也會同步增強。

那麼,該怎麼調整氣場?接下來,我將跟你分享幾個實用方法,幫助你重新對頻,啟動「富能量」的轉化開關。

遠離抱怨,轉換心態

抱怨,是最容易破壞氣場的行為之一。佛陀曾說:「一個念頭可成因果。」常抱怨的人,內心多半充滿不平與焦慮,不只無法幫助自己解決問題,還可能傷害他人、毒害自己。

如果你經常抱怨收入不夠,不妨改變思維方式:與其抱怨,不如思考如何提升自己的價值,讓收入自然提升。如果你身邊圍繞著喜歡抱怨的人,也要試著拉開距離,或嘗試影響他們改變思維。記住一件事:**把抱怨轉化為行動,消極埋怨就能變成積極改變的力量**。可以善用第 14 章節提到的「轉念清單」。

自我要求,讓自己變強大

身處順境的人,要警惕自滿與自大;身陷困境的人,

更要警惕自我懷疑與自我否定。**無論處於哪個階段，都要堅信：你有變得更好的能力**。

「自我要求」是一種對自己的負責。只有持續對自己高標準、嚴要求，才能夠逐步累積實力、增強信念，讓自己越來越穩定、強大。這是一切成長的起點。

利他精神，讓能量流動，創造價值

不過，如果正向能量只停留在「自我提升」的層面，它的流動是有限的。唯有進一步實踐「利他精神」——幫助別人、支持夥伴、創造價值，這股能量才會真正流動起來，成為更大的影響力。

從「自我要求」到「利他行動」的轉變，是正能量層次的進階。自我要求，是個人成長的力量；但當這份力量開始向外推展，帶著助人的信念去做事情，不僅能強化內心的成就感，也會讓氣場自然轉化、正向流動。

當這種氣場成形時，就會吸引更多機會、資源與支持。這不只是單純的個人成長，而是整體局勢的改變。真正的突破，往往來自於內外合一的能量轉動——從個人自律，到為他人創造價值，局勢就從那一刻開始逆轉。

富能量思維

> **・富能量練習題・**
>
> 　　現在就開始告訴身邊的人:「**有事找我,赴湯蹈火在所不辭!**」這不只是說說而已,而是當機會來臨時,真正去履行承諾。
>
> 　　營造能量場,要敞開心胸,願意接納與幫助他人,你會發現,自己的世界也開始變得更廣闊,彼此擁抱、互為貴人,改變氣場,改變未來!
>
> 　　要不要改變氣場,關鍵在於自己,只有你願意做出改變,氣場就一定會隨之改變。你願意真正去調整自己,一切才會有所不同。這是第一步。

找回你人生的籌碼

　　當你的氣場轉變了,接下來就要開始找回你人生真正的「籌碼」。

　　很多人日復一日地努力工作,朝九晚五地奔波,卻從未真正檢視:我擁有哪些籌碼?這些籌碼是否足以幫助我突破目前的困境?

　　前文提過,人生最重要的籌碼是「家人」。

　　家人,是你最強大的後盾。無論你選擇做什麼,首先要

爭取家人的理解與支持。因為如果連最親近的人都不挺你，一旦遇到困難，你很可能就會陷入孤立無援、半途而廢的情境中。家人給你的支持與鼓勵，往往就是你在關鍵時刻突破困局的關鍵力量。

家庭的和諧，更是影響事業與財富的重要因素。 從中國風水與五行角度來看：

- 父親象徵你的社會關係，代表「陽財」。與父親關係良好，往往意味著你在人際互動與職場上下關係中也能比較順遂。
- 母親則與財富能量密切相關，屬於「陰財」。與母親關係和諧，能幫助你穩定財運，讓財富持久流動。

在第 14 章節中提到的「正財四大工具清單」：包括轉念清單、家業經營清單、財庫清單與夢想清單，每一張都與人生的突破密切相關。而其中，「家業經營清單」尤其關鍵 —— 無論你正在處於什麼樣的階段，都要記得：珍惜並修復與父母的關係，因為這份家庭的力量，是你人生最深層、最穩固的能量來源。

富能量思維

> **・富能量練習題・**
>
> 問自己：「你是來報恩？還是討債？」
>
> 你是否曾經問過自己，對父母來說，你是來報恩的，還是來討債的？這個問題關係到你與家人之間的關係及你對他們的感恩心態。父母親就是我們生活中最真實的「活菩薩」，若對父母不敬，那怎麼可能期望自己一帆風順呢？孝敬父母絕對能夠獲得周遭更多祝福和支持。
>
> 給父母打個電話吧！現在就撥通電話，問候一下父母，讓他們感受到你的關心與愛。這是一個簡單的動作，但它能帶來意想不到的正能量！

| 學員造富分享 ❾ | 放大自己專業，成為共好的力量
——魏廷宇，運筋骨創辦人

　　自小生長於國術館的我，從小耳濡目染，習於以一雙手治人病、助人安。二十年來，我始終堅信「技藝精進、服務為本」，四處拜師學藝、鑽研筋骨調理，只為帶給個案更好的照護與改變。靠著真誠的態度與過硬的技術，從不乏上門求助者，我也就這麼日復一日地走過了二十年。

　　直到某一天，我驀然回首，發現自己年歲漸長，體力不如以往，也無法再像年輕時那樣長時間操作。我開始思考：除了親身服務，我還能為這個產業做什麼？我開始萌生傳承的念頭，盼望將一身所學傳授後進，讓更多人得助。然而，當我踏出這一步，才發現——如今早已不是「技高一籌，自然門庭若市」的時代。

　　那時，我看著網路上許多所謂的「老師」、「專家」，在平台上高談闊論，一知半解卻門徒眾多，而我努力了半生，開設的招生課程卻反應平平。為了自我突破，我也開始經營「魏老師講骨」的粉專，盼望能在數位時代爭得一席之地，但畢竟並非行銷出身，效果始終有限。這段期間，我陷入前所未有的自我懷疑，也首次意識到：「光靠閉門苦修，已經無法走得更遠。」

　　我過去總以為：「在家靠父母，出外靠朋友。」但當我一

回頭才驚覺，二十多年來，我不是在個案服務的現場，就是奔波於各地學習進修，真正能稱作「朋友」的少之又少。反而是無數個案、客戶來來去去，在這樣高密度的服務關係裡，卻少有深層交流。

直到有一天，我將煩悶與困惑向一位平時來諮詢的客戶傾吐，沒想到他聽完之後，主動向我推薦一位剛從中國返台的老師 —— 陳炳宏。他說：「你曾在山東中醫藥研究所進修，老師又剛從那邊回來，你們一定很聊得來。」就這樣，我抱著半信半疑的心情報名了炳宏老師的課程，沒想到，那堂原本與我「毫無交集」的創業課，竟大大改變了我對產業的理解與格局的想像。

從創業學院到富能量課程，再到後來加入由老師創辦的「贏商會」，我才真正體會到老師常掛在嘴邊那句話的分量：「別再單打獨鬥，連結我到我們。」在贏商會裡，我遇見了來自各行各業的創業者，雖產業不同，卻都經歷了老師課程的調頻與整合，對於商業的理解與價值觀幾乎高度一致。這讓我在資源、合作、人脈上，都能快速對焦、產生共鳴。

富能量課程中，有一條法則深深觸動我 ——「心存利他，廣結善緣，貴人自然匯聚」。我將這句話應用在原本的傳承招生計畫中，不再只是單純地教導技術，而是從產業角度出發，重新設計課程內容與目標。我選擇聚焦「兒童筋骨成長調理」領域，成立了「學看見教育機構」，並串聯多位志同道合的商會夥伴，攜手打造「親子生態圈」，真正實踐了從「我」到

「我們」的理念，創造出一股產業新動能。

　　創業之路往往孤獨而艱難，尤其當你背負著理想與技術，卻遲遲無法被看見，那種掙扎與無力，外人難懂。但其實，創業不必靠硬撐，只要找到對的能量、對的夥伴、對的平台，你就能走上屬於你自己的康莊大道。

　　我想說，謝謝炳宏老師，是他讓我知道：「你的專業，不該只是你的，應該是可以被放大、被傳承、被共好共贏的力量。」

16 ｜ 提升之道：從困局中找出穩定的行動節奏

人生之所以會走進「亂局」，往往是因為 —— 沒有清楚的目標！

想像一下，一艘船在大海中航行，如果沒有方向、沒有目的地，只能任憑風浪擺布。人生亦是如此，當我們沒有目標時，就像在茫茫大海中迷失的船隻，只能被現實推著走。

你的生活，是不是也變成了「過一天算一天」？總是跟著環境走，覺得一睜開眼就得面對現實，卻越來越遠離自己原本想要的理想人生？

說實話，很多人每天都在努力、在忙，但當你停下來問自己：「我到底在忙什麼？這些忙碌有讓我更靠近夢想嗎？」卻說不出個所以然來。

人生不需要盲目地奔波。請暫時停下腳步，先問問自己三個問題：

1. 我現在為誰而忙？
2. 我真正想要的生活是什麼？
3. 我目前的努力，真的有讓我靠近我的理想嗎？

唯有確立目標，行動才會有方向。當你清楚人生要去哪裡，就能開始安排節奏、設計行動，讓每一分努力都變得更有價值、更有意義。人生就像一段旅程，如果你知道目的地，即使路途顛簸，也更有勇氣穩定前行。

接下來，將會引導你如何從混亂中找出自己的節奏，設計出穩定、有效的行動步驟，幫助你從困局中一點一滴走出來，真正踏上穩定提升的道路。

找到你的「為什麼？」

在設定目標之前，請先問自己：「我真正想要的是什麼？」

寫下目標時，也請進一步思考：「這個目標對我有什麼意義？它代表著什麼價值？」

當你清楚自己追求的核心價值時，就能在面對選擇時更加果斷，遇到外界干擾也不會輕易動搖，因為你知道自己為什麼而努力、為誰而堅持。

將大目標拆解成小步驟

很多人給自己設下的目標非常宏大,例如:「我要變得很成功」、「我要賺很多錢」、「我要過幸福快樂的生活」——但這些目標太抽象、太模糊,難以實踐。

有效的方法,是把大目標拆成具體可執行的小步驟。例如:

- 如果你的夢想是「成為一名優秀的導演」,那麼你可以從拍攝短片開始,投稿參賽、參加影展,有了作品後自然會有更多人看見你,慢慢建立口碑與影響力。
- 如果你想「擁有健康的身體」,那就從「每天運動30分鐘」開始,再逐步改善飲食、建立固定作息,養成長期的健康生活模式。

不要小看這些細微的起點——它們才是真正的開始。

每天進步1%,讓自己離目標更近

別急著馬上看到成果。很多目標不是衝刺型,而是「長

跑型」，需要日積月累才能實現。

你可以運用「每天進步 1%」的原則：每天只要比昨天好一點點，一年下來，你將比現在進步 37 倍。這就是指數型成長的力量。

只要每天都踏出一步，你就離目標越來越近。擁有目標的人生，會從混亂轉向清晰；因為當方向明確，每天的行動就有了意義，你不再被生活推著走，而是能自己掌舵，走出屬於自己的未來。

・富能量練習題・

問一問自己：「**我有清晰的人生目標嗎？**」花點時間問自己：真正想要的是什麼？

每個人都有不同的夢想和追求，有的人渴望職業成功，有的人追求家庭幸福，有的人渴望在精神領域達到某種境界。不管目標是什麼，關鍵是要確定清楚，才能有計畫地向前進。

如果希望在職業上有所成就，那就需要規劃學習和提升自我的時間；如果目標是健康，那麼就要安排固定的運動時間和休息時間……只有目標明確，才能分配合理時間，有條不紊地行動，避免虛擲光陰，讓生命中的每分每秒都能為實現自我理想而鋪路。

富能量思維

從「我」到「我們」，從「個體」到「連結」

時間，是最公平的資源。每個人每天都只有 24 小時，差別在於 —— 你如何使用這段時間？你的選擇，將決定你的人生品質。

不妨想一想：我們能不能讓時間來服務我們的富足，而不是成為壓力的來源？只要透過明確的目標設定、持續學習、人際關係的經營、健康的維持，以及適度的放鬆與休息，就能用時間為自己換來一段豐富而有意義的人生。

無論世界局勢多麼混亂，只要能從「我」走向「我們」，從「個體」邁向「連結」，誰都可以從困局中走向勝局。

這背後有一個關鍵核心：積極結交善緣，是打開富能量的重要通道。

每個人都有屬於自己的「財庫」，而這份財庫往往來自三個圈層：工作圈、社交圈、家庭圈。

在職場上，良好的上下屬關係至關重要；在人際中，懂得經營友情、連結資源，能為人生助力；而在家庭中，穩定的夫妻關係、和諧的婆媳相處、親密的親子互動，更是財富能量的核心基石。

大家一定要記得：「**貴人，就是你的財庫。**」他們會在你最困難的時候，伸出援手。

我自己一路走來，遇見了很多貴人，心中充滿感恩。這些人給了我機會，有人在關鍵時刻拉我一把，有些甚至成為改變我命運的推手 —— 有領我入行的師父、有我第一間公司的老闆，也有現在幫助我開課的「啟程教育學院」負責人。

有些貴人如今事業如日中天，也有些人已步入人生低谷。無論他們現況如何，我始終懷抱感恩，也努力以實際行動回報當年的提攜。

我相信，**感恩不是嘴巴說說，而是用行動表達**。

就像「啟程教育學院」邀請我授課，本來我與他們的合約去年已到期，照原計畫，我今年要將創業課程收回來獨立經營。但對方負責人對我說了一句話：「如果你離開，對公司的影響會很大，對員工的士氣更是一大打擊。」

就因為這句話，我選擇留下來，與他們再續約兩年。這個決定，直接讓我少賺了 1,000 萬元，但我得到的，是一份「江湖道義」。我也誠懇地告訴對方：「要趕快找到適合的替代人選，確保未來能穩定發展。」**做人，不能只顧自己的利益，更要為對方留後路**。

我一直秉持著這個原則，在人生很多關鍵時刻，「利益放兩邊，道義擺中間」。

在我還不夠好的時候，感謝那些拉我一把的貴人；當我有能力的時候，我也願意回頭幫助那些正走在低谷中的人。

當你願意真心付出，人生的路就會越走越寬。因為善的循環，最終一定會回到自己身上。所以，**貴人運，其實就是財運**。做人不可忘本，要知恩、感恩，並用實際行動回報那些幫助過你的人。

穩定心態的 3 大技巧

身處亂局的人，常常因為看不清未來而焦慮。對未知感到不確定、過度在意他人眼光、缺乏自信與自我認同，這些狀態會導致習慣性的負面思考，進而讓內心起伏劇烈、心態失衡。

其實，**心態不穩定的人，根本原因在於情緒管理能力不足**。這類人常因一點小事就暴怒、沮喪或焦慮，也因無法控制情緒，影響人際關係，讓自己陷入內在矛盾與衝突之中。

一旦外界出現變動，他們便容易迷失方向。那麼，有什麼方法可以改善呢？以下是三個簡單而有效的技巧：

專注當下，做眼前該做的事

當情緒起伏時，先試著專注呼吸，讓自己冷靜下來。

接著，問問自己：「我現在能做什麼？」「有哪些地方可以改進或學習？」

把注意力放回自身，而不是一味與他人比較。當你願意從眼前的小事開始行動，情緒自然會慢慢穩定下來。

換角度看問題，掌握思緒主導權

情緒失控的背後，往往是「想太多」。根據心理學研究，一個人一天會產生約 60,000 到 70,000 個念頭，其中大多是潛意識反應，還帶有「負面偏誤」。也就是說，大腦天生傾向注意威脅、危機與失敗。

因此，學會「轉念」非常關鍵。當你遇到困難，不要只想「這很難」，而是問自己：「我能從這裡學到什麼？」

當事情不如預期，不要陷入「怎麼這麼糟」的情緒，而是思考：「我可以怎麼做，讓它變好？」

當你練習以不同角度思考，你會發現情緒波動減少，行動更有方向，心態也更穩定。

建立支持自己的系統，培養穩定力量

穩定心態，需要一套能支撐你的日常系統。你可以透過

以下方式來清理雜亂思緒、培養正向能量：

- **運動**：流汗有助於釋放壓力。
- **寫日記**：尤其是「感恩日記」，每天記錄 3 件值得感恩的小事。
- **正念練習**：透過靜心、冥想或專注呼吸，讓思緒回歸當下。
- **遠離資訊雜音**：減少使用手機與社群媒體，避免情緒被外界牽著走。
- **靠近正能量**：多與積極樂觀、願意鼓勵你的人交往，遠離愛批評、愛抱怨的圈子。

請記住，穩定的心態，不是天生的，而是可以訓練出來的。領袖之所以從容，並不是因為他們沒情緒，而是他們懂得如何管理情緒、累積內在力量。

總結一句話：**穩定心態，是人生順利的根基。**

只要掌握這三個技巧 —— 專注當下、換角度思考、建立支持系統，你就能穩定情緒，從容應對亂局和變局，讓人生走得更穩、更遠。

擁有富能量，善於識人、育人、用人

「富能量」指的是一個人擁有充沛的正面能量，包括積極的心態、自信、熱情與行動力。這股能量不僅能自我驅動，更能影響並感染身邊的人。

不只是從事業務或行銷的人需要「富能量」，最需要這股能量的，其實是正處於亂局、困局、敗局中的人們，例如：失業、創業失敗、情感受挫、健康危機……人生在世，難免遭遇低潮，而富能量能幫助我們穩定心態、啟動正念、找出解方，進而加速從谷底爬升的腳步。

當一個人晉升為領袖或管理者時，「富能量」更是必備條件。因為領導者不僅要會帶人，還要具備「**腦中有譜、心裡有數、手上有人**」的綜合能力。沒有這些基礎，任何決策都無法落實。

我曾深入研究劉邦的領導風格，認為他之所以能勝過項羽，關鍵就在於「用人得當」。以下是劉邦五個值得學習的用人哲學：

願意聽取他人意見

劉邦最大的優點之一，是願意聆聽不同的聲音。無論是

張良、蕭何、韓信，還是其他將領，他從不剛愎自用，總是願意考慮他人的建議。這點與項羽形成鮮明對比 —— 項羽自恃勇武、性格剛烈，認為別人都應聽命於他。劉邦則因為能納諫納策，才能因應多變局勢，靈活應對。

懂得「借力使力」

張良本非劉邦的部屬，而是韓國遺臣，志在復國。劉邦看出他的謀略過人，便「借」了這位人才為己所用。這種懂得借力的心胸與策略，幫助他提升整體戰略格局。

敢於放手，信任部屬

韓信功高震主，曾要求封王。劉邦雖有不滿，卻仍答應，封他為齊王。這不僅是權謀的運用，更顯示他敢於授權，願意給予功臣應有的權力與榮譽。因為他願意給，部下才願意為他赴湯蹈火。

善於整合，避免內部黨爭

歷代帝王最難解的問題之一，就是「功高震主」與「派

系內鬥」。然而在劉邦建國後，雖百廢待興、諸侯割據，卻未出現大規模的內鬥現象。他能協調各方利益，讓臣子各安其位，維持政權穩定，這點極為難得。

建立信任，凝聚團隊能量

劉邦用人不疑，疑人不用。他能創造出讓各路英雄願意投入的舞台，而不是讓他們感受到猜忌與防備，這正是領袖氣場與用人智慧的綜合展現。

劉邦的成功，不在於他比項羽更勇猛，而在於他能聽、能借、能放、能整、能聚。他不是靠一己之力奮戰到底，而是懂得團隊合作，達成集體的勝利。這種識人、育人、用人的能力，正是一個擁有富能量的領袖所具備的特質。

借力讓自己以小博大

「借力」在財經與企業管理領域是一個非常關鍵的概念，指的是：**善用外部資源，來提升自己的回報率、競爭力與影響力。**

這個概念可以非常廣泛地應用。我自己就是一個例子：

當年隻身赴中國，人生地不熟，沒有現成資源，要如何借力，讓我的想法獲得有力支持、讓事業得以開枝散葉？

第一步，是行動力。這點非常關鍵。**你必須勇敢踏出舒適圈，主動接觸、主動連結，才能找到突破的機會**。若只是待在象牙塔裡閉門造車，是永遠無法突破現狀的。尤其現在人們習慣透過手機與網路互動，反而忽略了面對面交流的溫度與深度。

當年，我在中國，正是透過當地資源豐富的商會平台「借力」。商會裡的成員，多半擁有極高的社會地位與產業影響力，若想與他們建立連結，你自己「要有料」，對談時才有話題、有共鳴。

你必須知道，他們關心的是什麼，不可能對演藝八卦有興趣。要能談國際政經大勢。比如，當時川普上台後，全球局勢風雲變幻，這對台灣的影響是什麼？美中關係將如何演變？俄烏戰爭是否會停火？停火又將帶來哪些地緣政治改變？

這些全球政經動態都牽一髮而動全身，必須掌握，因為政治影響經濟，經濟反過來也會左右政治。我每天會花一到兩小時關注新聞，尤其是與美中台關係、川普政策有關的議題。這不僅能提升我對時事的理解，也讓我在與高層對話時擁有更高的格局與視野。

比如,有人問:「川普會保護台灣嗎?」從某個角度來說,他會。畢竟對美國而言,台灣不只是盟友,更是戰略核心。無論是誰執政,美國都不可能輕易放棄台灣,否則「世界警察」的角色將岌岌可危。美國會繼續投注資金與軍事力量來穩定台灣局勢,這背後其實是地緣政治的博弈與制衡。

所以,**掌握「借力」能力的前提是:你要有深度、有廣度,有能吸引別人願意支持你的價值**。這樣,才能在競爭激烈的環境中以小博大、加速成長。

不過,**「借力」不是「利用」,而是創造「雙贏」**。像我當年與中國官方商會的合作,他們之所以願意協助我,一方面是看見我的潛力,另一方面他們自己也有績效目標 ── 他們需要扶植台商成功,而我正是適合他們協助的對象。這就是一種互補、共好、雙贏的合作。

富能量思維

> **• 富能量練習題 •**
>
> 突破困境，不一定靠蠻力，更要懂得借力。借力，不是單向索取，而是價值交換 —— 你能帶來什麼，決定你能借來多少。就像向銀行貸款，銀行也會評估你的還款能力；你給銀行利息，銀行信任你會還款，這才形成雙贏。以下是五個練習，幫助你打開連結、強化人脈，建立你的富能量網絡：
>
> **1. 主動出擊，建立連結**
>
> 　別等人來找你。你必須勇敢踏出舒適圈，主動接觸、主動連結，才能找到突破的機會。若只是待在象牙塔裡閉門造車，是永遠無法改變現狀的。尤其現在人們習慣透過手機與網路互動，更要記得：面對面交流所帶來的溫度與深度，是信任與合作的關鍵起點。
>
> **2. 借力而非單打獨鬥**
>
> 　參加行業內的論壇、聚會、講座，或是透過朋友、導師、同事介紹，讓你更容易與關鍵人物交流。借力的第一步，是出現在對的場域。
>
> **3. 打造有溫度、有高度的話題**
>
> 　不要一開口就說：「可不可以幫我⋯⋯」請先展現對對方的尊重與理解。例如：「您好，我最近在研究××產業，看到您一篇文章深受啟發，特別是您提

到的 ×× 觀點。我嘗試應用後有了一些收穫，很想請教您的看法。」讓對方感覺你是認真的、有互動價值的對話對象。

4. 定期聯繫與互動

平時透過留言、轉發內容保持互動。對方有新專案時，也可以主動幫忙宣傳與支持。讓彼此的關係不是單次互動，而是長期關注與合作。

5. 避免「單向索取」，創造雙贏機會

先讓自己變得有價值，讓人覺得你值得認識。社交的本質是「價值交換」，別急著索取，先主動給予。當你主動投入、持續付出，當機會出現時，自然有人會拉你一把。

17 | 家業之道：讓家庭成為你最強的能量場

家庭是一個人際場域，只要有人，就難免有摩擦與衝突，尤其是伴侶之間，常常因意見不合、生活壓力而產生矛盾。這些其實都是正常現象，畢竟每個人都有自己的想法與需求。

家是一個能量場域

家，不只是生活的場景，更是一個能量的循環場。家庭成員的情緒、思想與行為會彼此交織，形成獨特的能量流動。如果家中充滿正向能量，彼此能支持、信任與共同成長，這個家庭就會成為強大的後盾。家人互相鼓勵、彼此關

懷，在面對外界挑戰時，也會更有自信與韌性。

我始終主張「勸和不勸離」，但也不是絕對。在什麼情況下我會勸離？就是當彼此已經進入「互相拖累」的狀態。

我在天津認識一對中醫師夫妻，幾乎每天都在爭吵，甚至激烈到讓人無法想像。女方情緒起伏大、情緒管理較差，男方是我的朋友，常因這段關係壓力巨大。甚至有幾次，他太太試圖輕生，讓全家人都陷入深深的恐懼與痛苦。最終他們離婚，各自走上新的生活軌道。說來諷刺，分開後，他們反而都過得比以前更好。

有些關係，若已經淪為彼此的「消耗品」，不如學會放手。這當然不是一件容易的事，但對彼此都是解脫。

判斷伴侶關係的關鍵詞：幫扶，還是互累？

伴侶關係能不能長久，有一個關鍵指標：**這段關係讓你「更好」，還是「更累」？** 若雙方不斷消耗彼此，只會讓生活越來越沉重；反之，若能相互激勵、共同成長，就能一起邁向更高的格局。

那麼，該如何營造正向的家庭能量場？

關鍵一：有效溝通

學會傾聽對方的需求，避免用責備語氣進行對話。 理解

與包容，是最有效的情緒消化方式。溝通不是爭贏，而是讓彼此靠近。

關鍵二：建立共同的正向習慣

正向的家庭氛圍，源自於刻意創造的互動。例如，如果家庭是「女主外、男主內」的結構，太太回家後情緒不好，先生不妨準備一頓愛心晚餐、幫太太按摩、安排一場輕旅行……這些貼心舉動，會讓家庭溫度升高。而太太也要理解，先生即使目前沒有工作，也仍在為家庭努力，不應因情緒或經濟角色而打壓對方的尊嚴。

爭執時的處理方式：離開現場 + 轉念練習

伴侶爭執時，先「暫時離開現場」，讓情緒降溫，再嘗試轉念與對話。 記住，矛盾多半來自兩件事：「情」與「財」。

在「情感問題」方面，若出現第三者介入，雙方都應該自我反思：是不是因為在原本的關係中，缺乏了情感支持？感情裂痕若無法修復，最後反而會讓家庭整體陷入緊張與不安，甚至影響身心健康。

在「經濟壓力」方面，其實是較容易處理的。只要債務不是嚴重到無法償還，家庭可以透過開源節流、理性理財、建立應急基金來逐步改善。最重要的是，伴侶要能共同制定財務計畫，分工合作，並在每一次困難中「關關難過，關關過」。

家人間的富能量互動法則

我是一個非常重視家庭氛圍的人。對我來說，父母就是我的「活菩薩」，太太是我的「貴人」。我一直很感恩這個家，因為這個「家」，是我內心最深處的依靠與力量。

我很珍惜每次回到家的那份溫暖與平靜。無論外面工作多辛苦，只要一回到家、泡個熱水澡，就能卸下所有疲憊。家所提供的價值是無價的，也正因為無價，我們更需要用心守護。能夠與家人坐在餐桌前一起吃飯、偶爾看電視、喝茶聊天，那份輕鬆與溫馨，是我人生中最重要的養分。

既然家庭是一個能量場，家人之間的言語、行為、情緒都會彼此影響，那我們該如何讓這個場域充滿富能量？其實只要守住幾個原則，幸福指數立刻飆升：

盡量用「讚美、鼓勵」來「取代指責」

人都有個通病 —— 對身邊最親的人,反而最隨便。就像以前住得離學校最近的同學,最常遲到;家人之間因為親近,往往不修飾語氣,一有意見分歧就容易起爭執。

遇到摩擦,請先站在對方立場思考,用關心與鼓勵代替批評。例如,不要說:「你怎麼每次吃完飯就走,也不幫忙洗碗?」不妨換句話:「如果你願意幫我洗碗,我會覺得輕鬆很多,也很感激你。」這樣的語氣更容易讓對方接受,互動也會更和諧。

多聽、少說,要說話前冷靜想一下

與家中長輩對話,請多聆聽、少發表意見。當你願意聽,對方會感受到被尊重,也更願意信任你。專注傾聽,不只能增進理解,還能避免不必要的誤解。

遇到問題時,記得不要反應過度。**講話前,先深呼吸、冷靜 3 秒,再說出你的想法,這就是最基本的情緒管理**。

人都是不完美的，盡量放大優點

家人之間最重要的是「接納與包容」。**每個人都有缺點，但請努力看見對方的優點**。只有懂得欣賞，家庭關係才能長久、融洽。

家庭的和諧不只是幸福的基礎，更是事業順利的起點。尤其當夫妻共同創業時，挑戰與壓力會更大。

伴侶創業，如何做到「同頻共振」？

現代社會中，伴侶一起創業越來越常見。然而，若雙方步調不一致，很容易出現矛盾。舉例來說，當丈夫想投入更大資金做長期布局，妻子可能會擔心現金流或短期回報。這時需要雙方反覆溝通：

- 妻子可以理性提醒、支持丈夫穩健發展；
- 丈夫則要清楚說明投資背後的規劃與風險控管，甚至可請第三方做風險評估。

只有在彼此信任、同步調整心態的基礎上，家庭與事業

富能量思維

才有機會雙贏。

所謂「同頻共振」，是價值觀、目標與情感在相同頻率上共鳴，這會產生極大的凝聚力與行動力。

但遺憾的是，很多問題往往發生在「成功之後」。有個服裝品牌創業夫妻，起初像「神鵰俠侶」，事業成功後卻變成「互懟怨偶」。正如一句話說：「有錢能使鬼推磨」，但別忘了：「有錢，也容易被鬼牽。」許多人一旦財富增加，就忘了初衷與初心，結果家破事敗，令人惋惜。

• 富能量練習題 •

你是駕馭金錢？還是被金錢駕馭？靜下心來，問問自己：

- 當你擁有錢，你是感到安心，還是焦慮？
- 你能理性地規劃財務？還是經常衝動消費？
- 你的生活重心是提升自我、享受當下？還是時刻擔憂財富的增減？
- 當面對更大的財富機會時，你會選擇穩健經營，還是為了更快獲利而不計風險？
- 你是否願意用金錢去創造價值、幫助他人，還是只為了滿足個人欲望？

> 這些問題的答案,顯示你的金錢觀,也讓自己知道金錢如何影響你的選擇與生活方式。
>
> 如果你能夠安心、理性地規劃財務,當更的大財富機會降臨時,你會選擇穩健經營,而且在財富累積到一定成果時,你會願意用金錢創造更高的價值,來幫助更多的人。如果自己是這種人,便不可能會因為有錢而迷失自己,更不會因為金錢不惜犧牲親情、友情,甚至逾越道德底線。

家庭和樂,是長期自律與價值觀的體現

人的成長與選擇,往往深受周遭環境的影響。一個充滿愛與支持、正能量流動的家庭,能讓人安心成長、穩定發展事業,並擁有健康的人格與身心。但若家庭中充斥著爭吵、抱怨、冷漠與敵意,家人之間缺乏信任與理解,心理壓力就會急劇上升。

一個烏煙瘴氣的家,不只可能摧毀一個人的心理健康,還可能導致焦慮、抑鬱,影響自尊與自信心,甚至對整個人生造成深遠影響。因此,**維護家庭的和諧、營造一個溫暖且充滿正能量的環境,不僅是對自己負責,更是對家人、對未**

來的一種長遠投資。

很多大型企業在提拔高階管理人才時,會特別邀請對方的家人一起共餐。原因就在於他們關注的不只是專業能力,更看重家庭是否幸福穩定。因為一個家庭關係穩定的人,通常也具備長期穩健發展的潛力;反之,若家庭關係混亂,往往會牽動一個人的情緒與判斷,甚至導致決策失誤。

事業上的成就或許令人稱羨,但真正能夠長久的,是一個人背後是否有溫暖的家。家庭經營的好壞,其實才是價值觀、紀律與自律的真實體現。

俗話說:「物以類聚,人以群分。」當你身邊都是積極向上、重視家庭的人,你的價值觀自然也會更加穩定,面對人生關鍵選擇時,也更容易做出成熟與正確的決定。

我很幸運,身邊有許多優秀的企業家朋友,他們不僅在事業上卓有成就,在家庭經營上也堪為典範。他們的身教、言行、選擇,對我影響深遠,也讓我更加堅信:家庭是人生最重要的能量來源。

記錄生活中的幸福時光,珍惜每一刻的陪伴與成長。讓我們每天都為愛努力,創造更多屬於家人與自己的幸福片刻。

家庭富能量日記模板

日期：＿＿＿＿＿＿＿

今日陪伴家人的時光多久：＿＿＿＿＿＿＿

記錄下今日家庭幸福時刻：

說出對家人的感恩：

今天我特別感謝＿＿＿＿＿＿＿（家人姓名），因為他/她＿＿＿＿＿＿＿（做了什麼讓你感動的事情）。這讓我體會到＿＿＿＿＿＿＿（例如：愛的表達、體貼、支持的重要性）。

寫下我想為家庭做的努力：

我希望自己能夠＿＿＿＿＿＿＿（例如：更有耐心、主動表達愛、減少抱怨、多傾聽家人）。明天開始，我計畫＿＿＿＿＿＿＿（具體行動，例如：下班後不滑手機，專心陪伴家人）。

今日家庭富能量語錄：

（寫一句讓自己充滿愛與正能量的話，或是鼓勵家人的話。）

「＿＿＿＿＿＿＿＿＿＿＿＿＿＿＿＿＿＿＿＿＿」

富能量思維

學員造富分享 ⑩ 我在富能量找到人生新局
—— 廖曉莉，JS 睫絲美業教育平台聯合創辦人

從事美業教育超過 20 年，我陪伴過上萬位美容專業人士成長，也輔導過上百家美容企業走上正軌。曾在中國奮鬥十年，南來北往、奔波各地，有時清晨醒來，甚至會忘了自己身處哪座城市、哪間飯店。那是一段辛苦卻無比充實的歲月。

新冠疫情爆發後，我不得不往返兩岸，每次隔離將近一個月。日復一日的等待，讓我開始焦慮與迷茫，也讓我重新思考自己未來的方向。

就在那段回台休息的日子，我偶然在網路上看到陳炳宏老師的演講影片。他說：「從此改變創業模式，改變單打獨鬥，改變買賣思維。」短短一句話，深深打進我的心。創業的孤獨感、在外拚搏的壓力，這些我太熟悉了。而老師所描繪的願景，正是我一直渴望的方向。

我立刻報名了老師的課程。從贏銷班到商模班，每一次的學習，都讓我更清楚地明白：創業，不該只有一個人。

在學習過程中，我認識了志同道合的學姐韋幸均老師。我們在美業教育的理念上不謀而合，於是攜手創立了「睫絲美業教育平台」，致力於成為美業創業者的陪跑教練，協助更多人在創業路上少走彎路。

這一路的成長，我要特別感謝我最親密的夥伴 —— 我的丈

夫。當年是他陪我一起前往大陸創業，毅然辭去穩定的日商工作，陪我逐夢。他是我人生中最勇敢的決定之一。我們一起學習、一起成長，在創業路上不只成就了事業，也讓我們的關係更加穩固和深刻。

還有我的公婆，在我們全力拚事業的時候，他們無怨無悔地照顧我們的兩個寶貝女兒，這是我一生最深的感恩。

富能量的課程，不只點燃了我對事業的熱情，也讓我更懂得經營家庭與婚姻。我們一家見證了「家業事業雙成長」的幸福與可能。

在這個過程中，我更加相信：創業最難的不是資源，不是技術，而是身邊有沒有一群願意一起走的人。能遇見對的導師、對的團隊，是我創業旅程中最大的福氣。

在這裡，我也想對陳炳宏老師表達深深的感謝。謝謝您創建了「贏商會」這個有愛、有溫度、有力量的平台。這裡不只是一個學習的空間，更是創業者的避風港，是我們共同成長、互相照亮的家。

一個好的團隊，能讓你持續進步；
一個好的平台，能激發無限潛能；
一個好的系統，讓你有空間盡情成長。

而這一切，不只是為了成功與財富，
更是為了成為更好的自己，與更多人共創共贏的未來。

希望這本書讓更多創業者找到自己的發電系統，照亮自己的路，也照亮他人的世界。

第 5 章

從生活日常中
累積富能量

富能量思維

18 家，是富能量的起點與歸屬

每當提起「家」，我的內心總是充滿感激。在我人生最低潮的那段時光，我曾一度陷入憂鬱，甚至萌生極端念頭。陪我走出那段黑暗的，不是心理醫師，而是我的太太。她以佛法開導我，幫助我學會放下執著，回到內心的平靜。

有些人可能會覺得，家是我努力的對象，總是在為家人付出。但我想說：如果你就是那個不斷付出的人，那恭喜你，你就是這個家的主體、支柱與避風港。

我們不妨捫心自問：我們如何看待「家」的價值？如果你只把家當作吃飯、睡覺的地方，可能就不會主動整理、打掃、維護；這樣的家就像一間旅館，住的人享受服務，卻不會去維護。而當你將家視為心靈的依靠，便會自然地去修好壞掉的燈泡，主動參與家人的生活，分享心情、解決問題，

這是兩種完全不同的家庭能量。

當然，家家有本難唸的經。**家人未必總能提供實質支援，但卻永遠是心靈最堅實的後盾**。正因如此，每次發生爭執時，我總是那個主動退讓的一方。我相信：**家應該是溫暖的港灣，而不是冷漠的戰場**。這份溫暖，需要用心經營與維護。彼此清楚底線、避免觸碰敏感點，是維繫和諧的關鍵。

我有一位學員叫春梅，是一位外籍配偶。她和女兒攜手創業，6 年內從 10 萬元起步，滾出 6 億元業績，拓展至 100 家門市。她們的成功，就是一場「富能量」的家庭共振。

春梅本人非常謙虛，經常說：「我不會沒關係，我找會的人來做就好。」正是這種開放與學習的態度，讓她樂於接受專業輔導。她的品牌「莊敬生活百貨」能在一年內迅速成長，關鍵之一就在於她懂得引進外部力量、內部整合。

她的女兒擁有敏銳的市場洞察力，擅長選品，是營運成功的重要推手。但更令人感動的是，這個事業的初衷不是為了賺大錢，而是來自春梅剛嫁來台灣、四處求職受挫的經歷。她決定與女兒透過 LINE、Facebook 開團購，沒想到疫情期間反而帶動銷售，事業一炮而紅。

當她開始穩定獲利後，她希望能創造機會，幫助更多媽媽創業、賺錢。這份利他初心，讓她決定把加盟門檻壓低至 30 萬元，即便品牌發展迅速，也始終堅持不漲價。她的善

意，吸引了眾多媽媽加入，建立了強大的支持網絡。

隨著門市數增加，春梅和女兒無法再事必躬親，於是她來找我，我協助她建立企業組織與管理制度，設立部門主管，進一步轉型為有系統的公司。團隊看到升遷的機會，自然更加投入，短短一年間，門市從 30 家成長至 60 家。

之後，我又協助她引進連鎖經營顧問，優化物流、退換貨、品牌架構，逐步打造出可複製的連鎖模式。品牌再次**翻倍成長，從 60 家拓展至 120 家門市**！

當企業規模成長至一定程度後，我們進一步引進資本顧問，開始進行上市櫃的規劃與布局。

從一位媽媽與女兒的小團購，到準備走向資本市場的連鎖企業，這一路走來，我看見的不只是事業的壯大，更是家庭能量的爆發。春梅與女兒，用家的力量，**翻轉命運、創造財富**，也啟發了無數像她一樣平凡卻渴望改變的媽媽們。

幫助學員成功，是我身為企業導師最開心的事。我更深深相信：「**家，是富能量的起點，也是你走多遠、能飛多高的根。**」

化解家庭矛盾，建立和諧關係

我的父親是一位相當保守的人，可能是因為童年家境艱難，他對金錢格外重視，甚至到了視之如命的程度。對年幼的我而言，始終難以理解他那樣的價值觀。但也正因如此，我從小便培養出獨立自主的性格，早早開始打工，從未向父親伸手要錢。無論是創業、結婚、買車、買房，生活中所有需要金錢的事情，我都選擇靠自己來承擔，從不倚賴家人。

一個家，總有人吵，那就需要有人懂得讓步；如果一方揮霍，另一方就得努力多賺點來填補；有人遇到困難，也需要其他人伸出援手、共同面對。家，就是這樣一個地方——「退一步海闊天空」、「忍一時風平浪靜」、「以和為貴」、「大事化小，小事化無」，這些不是口號，而是真正家庭運作的寫照。

近兩年，我的父母先後離世。一個家庭，當父母不在了，就像樹幹折斷，枝葉各散。兄弟姐妹各自成家立業，過去相聚的日子幾乎成為回憶。

父親過世後，留下了我們家的老宅和一些遺產。對這份遺產，每位手足有不同的看法，有人選擇變賣，而我，選擇守護它。這不只是一棟老房子，更是我們家族的根。

我正計畫把這棟老宅改建成一座小小的紀念館，展示父

母曾經用過的物品,也記錄我們家族的故事。當年,我母親在村裡開設了第一家皮鞋店,幫助過許多生活困難的人。這段歷史不該被遺忘,而是值得世代傳承。

對我來說,這棟房子不僅僅是建築物,更是一個充滿記憶的場所,是我們全家共同的情感載體。雖然兄弟姐妹之間因生活各異,見面次數逐漸減少,但如果有這麼一個地方能夠存在,大家或許就會願意常常回來。

即便這棟老宅年久失修,**翻修的成本甚至超過房子的市價**,我仍願意投入大量時間與金錢,讓它煥然一新。因為我修繕的,不只是老屋,而是那份對家庭的守護與延續。我還特地保留了姐姐們的房間,讓她們依然有「娘家」可以回來。

這座紀念館,是為了懷念父母而存在,更是我們家族情感的象徵。它讓「家」這個字,不只是一個地址,而是一個永遠可以歸來的地方 —— 充滿愛、回憶與牽絆的所在。

三招營造家庭富能量協奏曲

很多人對我說,家庭要擁有「富能量」真的很難,「負能量」倒是隨處可見。這句話可謂一語道破現實。要在家庭中維持富能量,談何容易?因為負能量往往無聲無息地潛藏

其中，隨時可能引爆。

家庭的負能量從哪裡來？

首先，是來自經濟壓力。金錢問題往往是家庭衝突的導火線。若父母偏心、資源分配不均，也會導致手足間的緊張與摩擦。此外，家庭成員橫跨不同世代，觀念、價值觀、生活習慣可能大不相同，溝通上的隔閡越深，誤解與爭吵也就越多。

再加上血緣關係帶來的「情感勒索」，若情緒長期無法宣洩，就會轉為壓力；而若彼此都不願退讓，一句話說得不對，便可能點燃一場家庭戰火，使家人之間的關係日益疏離、僵化。

因此，**要讓一個家庭真正擁有「富能量」，不是靠某一個人，而是需要每位成員的共同經營與投入**。理解、包容、體諒 —— 這些看似簡單的字眼，真正做到的人，其實少之又少。

以下提供三個實用心法，協助大家打造出家庭的富能量協奏曲：

1. 以正向態度溝通，成為家庭的穩定軸心

無論遇到什麼問題，都以樂觀、建設性的態度面對，而

非指責與埋怨。責備是最容易升高衝突的方式,也最容易破壞彼此的信任。試著用溫和的語氣,引導對方說出感受,幫助家人建立自信與安全感。

如果能夠在家中建立「**開放式對話**」的氛圍,讓每個人都可以安心表達自己,那麼情感的流動將更加自然,也更容易達成理解與支持。

2. 讓自己變強大,成為家人的力量泉源

家庭中最穩定的能量,來自一位能沉得住氣、看得清局勢的成員。

讓自己不斷成長,是營造家庭富能量的核心。能量高的人懂得傾聽、不急於下結論,並具備冷靜面對問題的能力。他們是家中那盞安定的燈,無論發生什麼事,都能帶給家人安全感與方向。

只有當你自己夠穩定,才有能力為家庭築起一道防線,成為真正的避風港。

3. 創造儀式感,用行動凝聚愛與歸屬

愛,不僅要說出口,更要透過具體行動來體現。

比如說：當父母年邁，需要人照顧時，哪位子女願意主動承擔照顧的責任？只要父母能感受到被愛與重視，那麼這份愛就會成為家庭情感的核心，也讓家庭更有凝聚力。

我鼓勵大家：**建立屬於你們家庭的「日常儀式感」**。

像是每週一次的家庭聚餐、為彼此寫生日卡片、重要節日一起備餐、出門前的擁抱、睡前的親子對話⋯⋯這些看似微不足道的小舉動，其實正是愛的累積與家人連結的橋樑。

家庭儀式不需華麗，也不需昂貴，只要讓人感受到「被在乎、被需要」，這種微小但持續的善意，就足以撐起一個溫暖有力的家。

家庭，是每個人生命的根，是我們獲得能量的第一站。若你願意多一些包容、多一點理解，付出行動、創造連結，就有機會讓家這個地方，成為彼此人生中最穩定、最堅強的後盾。

打造家庭富能量，不是口號，而是一場不斷「練習愛」的過程。而你，就是那位起頭的音符。讓我們一起，譜出那首只屬於你們家的協奏曲。

富能量思維

• 富能量練習題 •

真正的幸福，或許不是家庭給的，卻是自己爭取來的。現在開始練習，把富能量帶進家庭裡：

每天說一句正向的話：早晨或晚上，對家人說一句鼓勵的話，例如：「今天辛苦了！」「謝謝你為家裡付出！」

餐桌上分享感恩非抱怨：餐桌上只聊今天發生的開心事，對家人感恩的事，例如：「媽媽今天煮的飯很好吃」，改變語言模式，讓家人之間的對話更溫暖。

• **限制「負面話題」的時間**

學會換位思考降低衝突：避免「你總是……」或「你從來不……」這類絕對性的指責，意見不同時，先停一下問自己：「如果我是對方會希望……」

改變從自己開始，主動幫忙家務、關心家人的需求，讓「善意」成為習慣，打破「誰該付出比較多」的思維。當自己釋放善意，家人也會受到影響，慢慢回饋給自己，家庭的能量是相互影響的，只要持續練習，改變一定會發生！

> **學員造富分享 ⑪　放下空虛成就，與富能量同行**
>
> —— 鍾佑瑋，鼎源會館創辦人、
> 社區創業學院005分院負責人

我來自一個經濟穩定的家庭，家中與某飲料品牌合作超過60年，我接手後，試圖擴展事業版圖、推出新產品，希望為老品牌注入新活力。這些改變讓父親擔憂，也讓我們的關係產生不少摩擦。現在回想，那時的我，其實是帶著無知與傲氣前行，總覺得自己一定行，卻也在這樣的心態裡，不斷陷入掙扎。

2012年，我跟朋友前往雲南深山，第一次看到原始森林中的千年野生古茶樹。那時，我只覺得茶葉特別大，也沒多想。沒想到幾年後，這個「沒多想」的念頭，竟成了人生的轉捩點。

長期接觸與品飲，讓我對古樹茶產生興趣。看著太太單靠賣茶，就能有不錯的收入，我開始動了轉行的念頭。太太的一句話成為最後的催化劑：「如果有一天你真的撐不下去，就會變成別人來收拾殘局。不如趁現在還有價值的時候，體面地放下。」

那一刻我才驚覺：每天為了員工缺勤、車輛出狀況、客戶投訴疲於奔命，這樣的生活，是我想要的嗎？

我決定結束經營了60年的飲料經銷業務，換回一筆現金，正式投身茶業。2015年，我全心投入古樹茶推廣，卻一

開始就碰了釘子 —— 一片茶都賣不出去，也不知道怎麼賣。直到 2017 年，我開始參加中國各地的茶博會，在三年間跑了超過 20 場展會，才慢慢累積起人脈與穩定客群。疫情爆發後，無法再往返中國，幸好有先前建立的茶友支持，讓我撐過難關，但現金幾乎全都壓在茶葉上，只能自嘲：「窮得只剩下茶了。」

也是在疫情期間，我遇見了陳炳宏老師的「富能量」課程。第一次上課，我就被老師的邏輯與經歷吸引 —— 我們的年紀相仿，他卻總能用極清晰的策略看清局勢。於是我開始陸續參加他的進階課程，也承接了老師創辦的「社區創業學院」005 分院。

我深深被老師將創業心法昇華為文化傳承的精神感動。他的課程，不只是傳授知識，更是一種內在能量的建構訓練。透過課程，我認識了許多志同道合的夥伴，也讓我開始重新思考：我要的生活，其實是更單純的平靜與慢節奏，而不是過去那種一味衝刺卻空虛的成功感。

這幾年，我學著放下從前的高傲，重新學習付出。每當我迷惘時，炳宏老師總能適時點醒我，讓我豁然開朗。我也越來越相信，人生的路上，除了夥伴，更需要一位能陪你走一段、提點你方向的明師。

老師常說：「課程的結束，才是我們關係的開始。」而我也確實在這段學習旅程中，感受到能量的流動、信念的強化，以及前所未有的成長韌性。

我知道，我還在創業的路上，也還在摸索。但這一次，我不是單打獨鬥，而是擁有了一套能量支持系統，更有一群願意同行的夥伴。這，就是我最大的收穫。

19 | 職場，是鍛鍊實力與價值的好場所

　　無論是公司還是個人，都應該擁有屬於自己的一份「大事紀」。企業會記錄重大里程碑，以見證發展歷程；個人也應該為自己的成長與突破立下紀錄。這不僅有助於回顧努力的足跡，也能激勵自己持續向前。

　　回顧我的職涯大事紀，24 歲那年，我用僅僅新台幣 3,000 元創辦了第一家公司。從那之後，我的人生經歷了三個關鍵的創業階段：

- 24 歲，返鄉台南，創立第一家公司。
- 28 歲，因投資股票失利，幾乎破產。
- 31 歲，重新振作，赴中國展開新一輪創業旅程。
- 50 歲，重返台灣，啟動第三次創業，進入事業的新

階段。

無論是創業或轉型，本質上都是對人生職涯的突破。對上班族來說，升遷是一種成就與蛻變；對創業者而言，企業的轉型與升級，就是一種「職場升遷」，甚至更為複雜與艱鉅。

回望這一路走來，我歷經無數挑戰與困境，但每一次身陷險境、面臨抉擇的時候，我都靠著「富能量」的信念，撐過低谷，走出自己的道路。

用「富能量」突破事業瓶頸

當我從台灣跨足中國時，對那裡的環境完全不熟悉，卻仍毅然決然地踏上這條未知之路。老實說，當時的我心裡確實也有些惶恐。

但我深知，唯有破釜沉舟，才能真正開創一片新天地。我沒有退路，只能全力以赴。現在回頭看，**我發現創業者最關鍵的特質，就是擁有「富能量」——這是一種破釜沉舟的決心：對夢想的渴望、對挑戰的熱情、對成功的堅信。**

如果不是有這份富能量在背後支撐，我可能早在遇到困

難時就退縮，限制了自己的發展。同樣地，當我 50 歲選擇回台灣時，也曾猶豫是否繼續深耕中國市場。但最後，我決定扎根台灣，很大一部分原因是為了陪伴父母。人生中最重要的選擇，不只有事業的成就，更有內心的無憾。我希望能陪伴父母走完人生最後一程，這份情感成為我做出抉擇的重要力量 —— 這也是另一種「富能量」。

有趣的是，當我下定決心留下時，機會反而主動找上門。這讓我更加篤信 —— **當一個人處於「富能量」的最佳狀態時，機會就會自然湧現。**

有些人會問：「機會是自己創造的，還是等它來敲門？」我的答案很明確：**機會不會無中生有，而是靠自己去尋找與創造。但當你處於高能量狀態時，吸引力法則就會發揮作用，機會也會源源不絕地出現。**

這一點，Tracy 的故事就是最佳例證。

從兒童美術老師到打造親子生態圈

Tracy 原本是一位單純的兒童美術老師，專注教學、課程踏實，卻總覺得內心有所欠缺。直到參加我的創業課程後，她接觸到「生態圈」這個概念，整個思維打開了。

她開始主動與課堂上的同學連結，並嘗試從產業的角度

思考整合。例如，將美術課程與大健康產業結合，連動父母的健康議題與孩子的成長需求；她也與農業合作，發展親子採果等活動。當她意識到「親子」就是她的核心價值，就開始圍繞這個主軸發展出完整的親子生態圈。

原本，她的客群只有孩子；後來，連家長也被納入整體服務，使課程價值全面升級，品牌合作機會也隨之增加。更棒的是，她並沒有大幅擴編人力，而是巧妙地透過資源串聯，創造更高效的營運模式。

例如，她向阿瘦皮鞋主動提案，將親子生態圈導入門市活動。阿瘦原本正面臨品牌老化與成長停滯的難題，雖擁有百家門市與百萬會員，卻苦無創新切入點。Tracy 提出的合作構想是：在門市舉辦親子活動，導入她的課程與服務。消費者不只買鞋，還能接觸一整套親子成長與才藝學習內容。

這樣的跨界合作，為 Tracy 的親子生態圈拓展觸角，也讓阿瘦品牌重新注入年輕活力。雙方理念一致、客群互補，一拍即合，最終形成雙贏局面。

創業、轉型、升遷全方位指引

在這個瞬息萬變的時代，不管你是創業家還是職場工作

者，成功的關鍵往往取決於一個人是否擁有「富能量」。

創業者，需要靠富能量「破釜沉舟」

創業之路充滿不確定性，資金短缺、客戶流失、市場突變……這些挑戰隨時可能來襲。如果內在匱乏，就容易陷入焦慮、恐懼，甚至做出短視近利的決策。當創業者不斷擔心競爭、懷疑自己，或憂慮資金不足時，很容易原地踏步。

這時候，**「富能量」就是一股推進力，能幫你在風險面前不退縮、在困境中堅持到底**。當創業者真正相信「市場機會無窮、財富可以流向自己」，思想就會改變行動模式，信心自然提昇，也更容易吸引資源、機會與客戶。

打造台灣米粉湯第一品牌的故事

來說說比利的故事。他是台北赫赫有名的「通化街米粉湯」第三代傳人。上一代的父親與叔伯們雖然延續家業，卻缺乏升級思維。反而是比利，在奶奶打下的基礎上，決定重新定位品牌，打造「胡饕米粉湯」，喊出「從通化街到華爾街」的壯志豪語。

創業初期，他面臨資金壓力與經營挑戰，一度陷入困境。直到他參加我的創業課程，才逐漸找出方向。他重新打

磨品牌，用奶奶傳承下來的古早味米粉湯為基礎，成立實體店面，讓家族小吃煥發新生命。

比利完全領悟我在課堂上教的「爆款」概念。走進「胡饕米粉湯」，你一定會被那碗擺著一整隻龍蝦的米粉湯震撼到。這就是他一手打造的話題商品——痛風米粉湯。除了龍蝦，還有像小山堆滿的蛤蜊，視覺效果誇張又澎湃，讓客人手機先吃、瘋狂打卡。這碗米粉湯定價兩三百元，卻仍吸引大量顧客，成功把傳統小吃轉化為品牌化、連鎖化的創業路線。

我一直鼓勵他聚焦本業，把米粉湯這件事做到極致。台灣目前還沒有人真正做出「第一米粉湯品牌」，這就是機會所在。我們在課堂上一步步規劃，他用破釜沉舟的決心，再搭上富能量的動力，像磁浮列車一樣一路飛馳。

從 2 家店開到 4 家，再到現在 8 家，他不斷擴張、優化制度與流程，讓品牌邁入穩定成長期。

富能量帶動家庭修復，成就翻倍成長

有趣的是，比利與父親過去關係並不親近。在課堂上，我強調「家的力量」——很多事業的卡關，其實根源在家庭。我建議他回家陪爸爸喝一杯酒，或給爸爸一個擁抱，不用多說話。

沒多久，他就在 Facebook 分享與父親關係修復的歷程。隔年，他的營收從 1 億元**翻倍**成長到 2 億元。我受邀參加他的公司尾牙，他特地帶我去見他爸爸，開心地說：「老師，我一定要介紹我爸給你認識。」他父親也笑著說：「你真的很會教，把我兒子教這麼好。」

家庭修復後，事業自然**翻轉**，這不僅是營運上的突破，更是一種生命層次的昇華。當內在的障礙被打通，富能量就會自然流動，帶來更大的成就與福報。

我相信，比利的事業還會持續壯大。未來的某一天，我們或許真的能看到 —— 一碗台灣的米粉湯，從通化街，端上國際的餐桌。

轉型者要藉著富能量「找尋機會」

許多人在轉型過程中，會歷經迷惘、焦慮與不確定感。而這時，「富能量」便是一股至關重要的支持力。**富能量，不僅是一種情緒能量，更是機會的催化劑 —— 擁有富能量的人，總能將困難視為轉機，並在動盪中保持信心與行動力。**

轉型之所以困難，往往是因為要跳脫舊有思維與既定舒適圈，還得勇敢面對未知的挑戰。而是否能吸引到資源、人脈與新機會，就成了能否成功轉型的關鍵。「富能量」就是

這股促成蛻變、推進再成長的動能。

來跟大家分享一位平面設計師轉型為農業創業家的真實故事 —— 和原的旅程。

媳婦扛起公公的農業夢

和原原本是一位在台中從事平面設計的媳婦。因為公公年事已高、無法再從事農務,加上丈夫與兩個兒子都不願意接手家中的果園,眼見長輩一生辛苦經營的心血即將荒廢,她內心非常不捨,於是毅然決然地扛下這份責任。

他們家在台中東勢種植柑橘。務農不但收入不穩,還是典型的「靠天吃飯」行業。身材嬌小的她,對農事原本一竅不通,一開始甚至連方向都抓不清楚。直到她來上我的課,有一句話深深打動了她 ——「你要改變農民靠天吃飯的宿命。」

一張卡片撐起一片天

我教她如何把自己的設計專業轉化成品牌力。她不改變耕作方式,而是用設計與品牌思維改變銷售邏輯。她開始為自家果園設計視覺識別,還設計了一張簡單卻充滿情感的卡片,上面只寫了一句話:

只想對你說聲:謝謝!

這張卡片觸動人心，道出農民的辛苦與對土地的情感。一經社群分享，就引發廣大共鳴，柑橘銷量也隨之提升。她不只賣自己的產品，還幫助左鄰右舍行銷農產品，很快成為社區裡最具影響力的「農業意見領袖」，甚至獲得了「農民最佳貢獻獎」的肯定。

和原不只賣水果，她導入「果樹認養制」，讓消費者不只是買水果，而是認養果樹、參與果園管理，傳遞一種回歸自然的生活方式。她更進一步開發產品線，推出柑橘果醬、潤喉糖、果乾等加工品。

她的行動力與熱情，也感動了原本不願參與的丈夫與親戚，最終全家人齊心協力共同經營果園，讓整個家庭的關係更加緊密。

從一位對農業毫無經驗的平面設計師，到打造品牌、經營果園、推動地方創生的農業創業家，和原的成功，是「富能量」最美的體現，也是一段從內而外轉化的精采旅程。

她的努力不僅獲得公公的讚賞，更贏得全家人的認同與支持，讓家人成為她事業上最堅實的後盾。她真正實踐了所謂的：「家業與事業雙修，雙成長」的富能量境界！

升遷者要藉著富能量「提升自我價值」

升遷，代表著更高的薪資、更有挑戰的職位，以及更寬廣的發展機會。但真正能持續晉升的人，未必是能力最強的，而是那些「能帶來價值、有影響力，並能吸引機會」的人。

升遷，其實是一場能量的競爭。當你擁有足夠的富能量，你會成為無法取代的存在：你能影響更多人，創造更多價值，並吸引更多讓公司獲利的機會。**當你開始運用富能量思維，持續提升自我價值、保持積極態度、經營人際關係，一步步朝「值得被升遷」的方向前進，職涯自然將迎來突破與豐盛。**

總之，擁有富能量的人，會發現：成功不是遙不可及，而是在下一個充滿能量的轉角等待著你。

從直男廚師到兩岸銀牌大廚 —— 人瑋的成長之路

人瑋，是個非常典型的「宅男」。每天窩在廚房裡，生活單調，還帶點社交障礙，與人互動、溝通的能力也不強。但誰也沒想到，當他從廚房踏出那一步，在富能量的帶動下，竟迎來了驚人的轉變。

他從我最初的商業課程學起，從《贏銷》到《商業模式》，再進階到《富能量課程》。不斷學習下，他的氣場與

思維開始轉變。後來，他還成為「社區創業學院」034 分院的分院長。

這個位置並不是靠爭取就能得到，而是需經過一段時間的學習、培訓與考核，由我親自觀察並與核心幹部共同認可後，才有資格擔任。想想看，一位原本內向憨厚的宅男，要擔任分院長，必須能整合團隊、上台演練、面對群眾、產生影響力……這對他而言是極大的挑戰。

但他做到了。

上完課後，他開始展現自信，也願意嘗試走出原本的舒適圈，讓更多人看見他。

他的轉變，也讓家人感受到明顯的不同。過去家人各自忙碌、互動不多，現在，看到他在網路上積極經營、擔任分院長後，爸爸、媽媽、哥哥全都跳出來支持他，變成他的最大後盾。

他才 29 歲，是我們所有分院長中年紀最輕的一位，白天在知名餐飲企業擔任廚師，私下則創業賣年菜，早期業績平平。直到他真正「走出來」，我給了他這個舞台，自信心慢慢建立。

後來，他去參加世貿舉辦的廚藝比賽，拿下銅牌。隔年，他挑戰上海的國際比賽，更勇奪一銀一銅！這是他人生極大的突破與榮耀。

富能量打開了他的世界

他的母親親眼見證兒子的成長與轉變，如今已是他最忠實的鐵粉。雖然目前人瑋還沒開自己的餐廳，但他的個人品牌已悄悄綻放，方向也越來越清晰，走上創業之路只是時間問題。這是過去的他，從未想像過的未來。

他知道，如今自己擁有的不只是技能，更擁有信念與支持——來自人脈、自信、家人，還有內在穩定的「富能量」。

從一個害羞內向、不敢開口的宅男，到今天能夠站上兩岸舞台、綻放光芒，他的故事告訴我們：「擁有富能量的人，成功從來不是遙不可及，它就在你全力以赴後的下一個轉角口。」

富能量思維

・富能量練習題・

當你工作遇到瓶頸，感到疲憊、缺乏動力、力不從心、害怕挑戰新任務。請思考練習，如何運用「富能量」來改變現狀？

- 有哪些方法可以幫助自己提升能量，重新找回工作熱情？例如：度假、犒賞自己？
- 當機會來臨時，該如何以「富能量」穩穩抓住，不是猶豫不決？
- 寫下一個行動計畫，讓自己每天透過某些小習慣來提升「富能量」，例如：閱讀學習新知、主動與同事交流、設定明確目標……

富能量來自於內在的信念、行動力與積極態度。當你願意主動調整心態、突破自我，機會就會開始向你靠近。寫下答案，並在日常工作中落地實踐，「富能量」會讓你有意想不到的事發生。

學員造富分享 ⑫ **在富能量找到「被看見」的舞台**
—— 薛人瑋（廚神人瑋），料理創業者

我是薛人瑋，朋友們都叫我「廚神人瑋」。16 歲就踏入廚房當學徒，至今已有 14 年。我曾參與國際廚藝競賽，累積下 8 銅 2 銀的好成績，一路走來，我的目標始終明確 —— 希望有一天，不只是廚師，也能成為懂經營、會管理的老闆。

過去的我，在餐飲職場上總是獨來獨往。許多任務與挑戰，都是自己一個人硬撐完成，甚至連主管都不怎麼過問。也因此，久而久之，我的情緒與身心狀態都越來越不穩定，脾氣變得急躁，常常覺得「沒有人真正懂我」。即便拿過獎項，也沒有真正的喜悅。

直到我接觸到陳炳宏老師的「贏銷課」，才開始扭轉這一切。那時我發現老師真的不同於其他講師 —— 他會仔細傾聽學員的問題、真誠回應，於是我接著報名「商模班」，並加入「贏商會」，進一步參加了「富能量電力公司」的課程。

說實在的，一開始我很懷疑自己能不能理解這門課。畢竟我做了 14 年廚師，習慣了聽從命令、按部就班。只有在比賽時，我才真正能夠按照自己內心的聲音去做菜。但在富能量課程中，我第一次聽到老師在台上說：「你看我們人瑋，出國比賽得獎，還帶著家人參與活動，讓家人成為神隊友。」這些話，讓我熱淚盈眶。從沒有人這樣公開肯定我、看見我。那一

刻我明白，原來我所做的每一件事，是有價值的，是能被聽見、被看見的。

在「富能量」課程裡，讓我印象最深的是兩條法則：

第一是：「別再單打獨鬥，連結我到我們。」

從一個獨行俠的狀態，學會如何整合不同的夥伴，建立起自己的生態圈，不再事事自己扛，開始與人協作，打開了我全新的思維方式。

第二是：「把抱怨轉化為前進的動力。」

與其生氣，不如把問題當作契機。我開始思考，既然廚藝是我的第一專長，那我能否以此為基礎，開發第二專長？就這樣，我開始投入冷凍年菜與料理包的研發與銷售，將我的專業進一步延伸與商業化。

這一年多來，我的改變是實際而可見的。以年節料理為例：三年前，我的營業額僅約 5 萬元，但隨著老師課程的實踐與社群資源的連結，今年的年菜營收已達 23 萬元，雖說還不到大富大貴，但這個成長，代表我正走在對的路上。

這一切，源自於老師常說的一句話：「愚者認命，庸者拚命，智者改命。」

現在的我，不只是廚師，也逐步踏上創業之路，用我的廚藝幫助更多人，實踐自己的第二曲線。

最後，我想對每一位正在卡關的人說：我曾經也是一位

默默無名的廚房上班族,如今我選擇站出來,讓自己被世界看見。你也可以。就像老師曾告訴我:「Open your mind,把心打開。」

請相信,當你勇敢走出來,世界會為你讓路。

20 | 日常習慣，是活用富能量的最佳練習場

很多人對我說：「老師，你好像有一股特殊的能量，接觸你的人都會被你影響，甚至不知不覺地就跟著你走了。」

一開始，我沒有特別去想這件事，好像一切都很自然。但有一天，我在課堂上談到「說話有人聽、做事有人跟」，才開始深入思考背後的原因。後來我發現，這絕不是巧合。

當我與人交流、分享時，之所以有人願意聆聽、跟隨，不只是因為專業知識，更重要的是 —— 他們認同我的「信念」。

這份信念，是我們彼此共同追求的核心價值。對我來說，就是：「**改變創業模式、改變單打獨鬥、改變買賣思維！**」

我創立創業學院的初衷，就是希望翻轉傳統創業方式，從孤軍奮戰走向生態共贏。特別是回到台灣後，我更堅信這一點。因為我觀察到，台灣許多創業者仍停留在傳統「買賣思維」—— 每天思考的都是「我要怎麼把東西賣出去？」

為了銷售產品，他們加入各式各樣的社團與組織，想拓展客源、提升成交率。但本質上，這仍是一種「單點式買賣」，沒有創造長遠的價值，也缺乏真正可持續的成長機制。

前文我曾提過「生態圈」與「買賣思維」的差別，這裡更深入比較：

傳統買賣思維的三個特徵：

- 目標是成交：把商品賣出去才算成功。
- 加入社團是為了曝光：希望讓更多人知道自己在賣什麼，增加成交機會。
- 合作是為了推廣銷售：本質上仍以「賣東西」為出發點，只是換了個銷售場域。

相較之下，「生態圈思維」的三個特點：

- **目標是擴大市場**：透過跨產業連結，共創新機會。
- **合作基於共贏**：不是你賣我抽成，而是雙方都因連結而成長。
- **打造產業鏈而非單點銷售**：建立一個可長期經營、互利共生的經濟體。

這是我創立「贏商會」的初衷 —— 不是扶輪社、獅子會或 BNI 那樣的傳統社團，而是一個強調「互幫互助」的生態社群。從「我」到「我們」，這種轉變的關鍵就在於信念與文化。

我始終相信，真正的「富能量」，來自於你願意幫別人，也願意讓別人幫你，我們一起共好、共贏。

因為這樣的理念，「贏商會」與傳統社團自然產生區隔：

- 傳統社團的參與動機是「為了成交」
- 而生態圈的核心則是「互相幫助，共同成長」

當我們願意先付出、真心幫助他人，這股正向的能量會開始流動，最終也會回到自己身上。

這不是單純的人際技巧，更是一種長遠的策略與信仰。

「共贏」，是創業者必備的富能量。

但其實，**不只是創業者，每個人都可以在日常中活用富能量。**

當你在生活中選擇正向、主動、助人，並堅持自己的信念去影響他人，能量就會自然累積。這種正循環，會逐漸放大，最終形成可以改變世界的「富能量」。

從小習慣中養成大能量

一般人該如何從生活中的「小習慣」聚集出「小能量」，再逐步累積成「大能量」，最終翻轉為「富能量」？

遵循我長期實踐的三個步驟，很快就能將這套方法落實到日常生活中，並在現實中產生具體的成果。

步驟一：從「我」到「我們」

無論在職場還是家庭，少一點對個人利益的計較，多一點對團體與家庭成長的關注。**當你願意伸出援手，別人自然也會支持你**。

以曉莉為例，她原本在中國從事美容產業，是專門為美容院提供技術訓練的培訓講師。因疫情回到台灣後，過去在中國累積的資源與人脈無法延續，一切歸零，內心一度迷惘。

然而她沒有停滯不前，而是選擇進入學習模式，也因此認識了幸均，開啟了人生新的篇章。

幸均長期深耕台灣，是**擁有直營門市與教學經驗的醫美專業人士**；曉莉則擅長臉部美容、保養，屬於傳統美容領域。表面上，兩人屬於競爭同業，常見的「同行相斥」問題似乎難以避免，尤其醫美與傳統美容在技術層級上本就有明

顯分野。

但在我的生態圈課程中,她們不但沒有產生排斥,反而互相欣賞,並發現彼此高度互補 —— 一位專注肌膚保養,一位精於醫美療程與設備應用。兩人結合優勢,共同創立了「女王研究苑」,命名也在課堂中激盪而生,意涵是打造全方位女性美學解方。

這個合作突破了傳統產業的界線,也證明了:**「同業,不一定是競爭,反而可能是最強的合作夥伴。」**

幸均運用其在台灣累積的通路資源與設備優勢,透過設備共享、教學合作的方式,降低創業初期的成本壓力;曉莉則在教育訓練與課程設計上發揮專長,打造出一套完整的美業系統。他們選址桃園八德,作為實驗基地,一年內擴展至11家據點,建立起包含直營與加盟的策略聯盟架構,這正是「從我到我們」的最佳實踐。

步驟二:讓正能量流動

富能量的運作不是獨角戲,而是流動中的交換。你願意釋放多少能量,就會吸引多少支持與資源回來。很多人以為,只要「我努力」就足夠,但事實上,真正的機會,往往藏在人與人之間的互動裡。

別小看那些你主動幫人解決問題的時刻，那可能是一段關係的起點；而你做過的承諾是否落實，也將影響他人是否信任你。每一個正能量的行動，都是在替未來埋下回報的伏筆。

主動給予、信守承諾，就是啟動富能量循環的起點。

- **主動付出**：在職場中主動幫助同事，在社交圈中真心支持朋友的事業。
- **給予承諾就實踐**：承諾了，就做到。別讓空話成為彼此信任的裂縫。

步驟三：建立生態圈思維

不要只關心短期利益，而是思考如何創造長期關係的價值。

與其陷入價格戰，不如尋找共創價值的機會。成功的關鍵，在於形成「One Team」的生態圈。我強調的不是「你幫我、我幫你」的對價關係，而是「真正連結成為一個整體」。

當我們從「個體」走向「群體」，富能量才會真正爆發。前文提過的 Tracy，從美術老師轉型打造親子生態圈，就是最好的例子。她活用了內在的富能量，發掘新市場機會，並建立出自己的獨特商業模式，體現了「富能量即機會

催化劑」的概念。

日常習慣,就是養氣的起點

我在創業課常說:「要創業,先調整氣場。」很多人卡關,並非技術不好,而是氣場不對。我們的 6 富金字塔中,最底層正是「氣場能量」。(見第 29 章節)

如果你整天抱怨、散發負能量,旁人自然不想靠近你,機會也因此遠離。所以我建議學生從家庭開始,**改掉愛抱怨的習慣,多讚美、多擁抱、多體貼**。這些看似微不足道的小事,其實是氣場改變的開端。

當你變得陽光,會發現職場、家庭、人際關係都開始改善,吸引更多正能量靠近你。

富能量練習清單

以下是富能量日常練習的建議方向:

- **培養富能量思維**:常幫助他人、心懷感恩、持續學習與成長。
- **建立價值人脈**:遠離內耗與負能量,與正向、積極

的人共事。
- **提升互助共贏能力**：尋找頻率相同的夥伴，攜手創造更大可能。

富能量，從來不是瞬間爆發的奇蹟，而是日常裡累積出來的光芒。

從日常習慣、生活態度、人際互動與價值交換中一點一滴聚集起來的「氣場」，終將轉化為影響他人的磁場，讓你在人生每個場域都能持續發光發熱。

• 富能量練習題 •

小習慣可能看似微不足道，但當它們累積起來，就會成為你生活中的強大富能量的來源。你有沒有特別想培養哪一個呢？

- 身體富能量：規律運動、健康飲食。多喝水、多吃原型食物，避免過多加工食品，身體自然充滿正能量。
- 心情富能量：多微笑、多感恩。迎接早晨陽光、走進森林小溪，多做深呼吸、深長細勻吐氣，頭腦清洗身心甦醒，心情自然正能量循環。
- 語言富能量：少抱怨，多解決。多稱讚、多鼓勵。

> 每天給身邊的人一句真誠的讚美，正向語言自然愈幸運。
>
> - 人際富能量：主動聯繫、簡單問候、多多祝福，與樂觀積極的人相處，人際幸福感自然提升。

用富能量改變命運

為什麼我要開設「富能量」課程？目的很簡單——就是幫助大家改變命運。

你想改變命運嗎？

怎麼改變？

這裡，我要告訴你最關鍵的一件事：「幫助別人，提升自己」。

以「補財庫」為例，即使你沒有創業，只是企業中的一名員工，也一樣可以替自己補財庫。說白了，如果沒有穩定的經濟能力，別說未來了，光是現在可能就過得慘兮兮——全家想出遊，沒車可開；高鐵太貴、火車太慢；住不起飯店、吃不起米其林餐廳……我不是鼓勵高消費，而是提醒大家：沒有財力，就很難有高品質的生活。

不是每個人都要創業，社會上大多數人是員工。但關鍵

在於：你是否在思考，如何為自己的未來創造更好的可能？

如果有，現在就開始跟著我 —— 改變命運，提升格局！

職場上，只有三種角色：老闆、自雇者、員工。你是哪一種？

有些人一輩子待在同一個位置，不願突破；有些人追求穩定，安穩度日；也有人選擇創業，挑戰自我。無論你選擇哪條路，重點不是角色，而是：你的生活有沒有越來越好？

先談職場中最常見的角色 —— 員工。

你是不是把上班當例行公事，朝九晚五、敲一天鐘，等下班、等領薪水？

如果你一直把自己當一顆小螺絲，從未思考如何成為公司不可或缺的人，那麼一旦公司面臨裁員風險，你可能就是那個「被通知」的人。

要改變命運、提升財運，有一個簡單卻有效的核心：幫老闆賺錢！

誰在發你薪水？搞清楚這件事很重要。

很多人總是抱怨老闆，背地裡批評對方是含金湯匙出生、不懂民間疾苦。但這樣的想法，對你一點幫助都沒有！

與其抱怨，不如反過來想：
我能為公司創造什麼價值？

我能幫老闆賺到多少錢？

當你真正開始投入去思考、去行動,老闆絕對看得見。若你真的盡力了,仍得不到應有的回報,那可能這間公司不適合你 —— 你可以選擇一個更好的舞台。但只要你用這種心態去工作,升遷與加薪會自然找上門,甚至有一天,你也會成為別人的老闆。

想要突破現狀,關鍵在於心態轉變。

擁有「成功者思維」的人,會思考:

- 如何讓公司變得更好?
- 如何讓團隊更強?
- 自己能提供什麼獨特價值?

當你開始這樣想,別人自然會看到你的不同。

經營之神的故事:稻盛和夫

日本「經營之神」稻盛和夫,剛進入職場時在一家名為「松風工業」的小公司上班。公司經營不善,一度發不出薪水。儘管如此,他沒有抱怨,反而更加投入研發,專注於高

性能陶瓷技術。

27 歲時，他獲得資助，創立「京瓷」。從只有 8 人的小公司，發展成全球知名企業。他 78 歲時還臨危受命，拯救破產的日本航空（JAL），讓它重新盈利。

這一切成就，來自於他的信念 —— 幫助企業成功，自己自然會成功。

再談第二種角色：自雇者。**自雇者最重要的命脈，就是「專案成功率」**。沒有專案就沒有收入；專案失敗，就拿不到錢。

那該怎麼提升成功機率呢？你要具備三種能力：

- **多角度思考**：不能只從自己的立場看問題，要考慮市場趨勢、客戶需求，找到突破點。
- **風險管理能力**：每個案子都可能遇到變數，你需要提前準備「Plan B」。
- **強大行動力**：自雇者沒有「每月 5 號薪水入帳」這種事，一切靠自己。說得再多，不如做一次。

現在你應該更清楚了：想要的人生，必須靠自己努力爭取。從現在開始，改變你的心態，主動去思考如何讓自己變得更有價值，讓「富能量」幫助你越來越順利，財運也會自

⚡ 富能量思維

然提升!

> **· 富能量練習題 ·**
>
> 每天覺察與記錄以下問題:
>
> - **寫下今天你幫助了誰?**
>
>   例如:今天主動幫助同事解決問題、今天為朋友或家人提供有價值的建議、捐款、做義工,或給予他人資源,小至一句鼓勵的話,大至具體行動。
>
> - **寫下你做完這件事情之後的反思與感受:**
>
>   例如:感到快樂、滿足、成就感、平靜、安心?
>
> - **吸引轉化以上的素材成為「富能量」:**
>
>   例如:「我幫助別人,宇宙也會幫助我。」「我創造價值,財富就會自然流向我。」「我種下善因,將來就會結善果。」「我散發富足意念,就會收穫更多幸福與富足。」想像並吸引這些意念,轉化為財富和祝福回到自己身上。
>
> - **每週再總結一次:**
>
>   寫下這週內最有意義的一次利他行為,以及你收到的好運或意想不到的回報。

學員造富分享 ⑬ 成為自己人生中的那束玫瑰花

—— 李和原，東勢那座山共同創辦人

我是東勢那座山的共同創辦人，中年返鄉務農，用外地人的視角重新定義農業，期許讓每一顆果實背後的故事被看見、被聽見，也被嚐見。

我曾是自由接案的商業設計師，也經歷過父親生意失敗、一夕負債兩千萬的低谷。那段時間讓我深怕創業，所以轉身投入組織行銷，這一走就是十幾年。

直到 2021 年，家庭與事業雙重崩解，才讓我徹底清醒。孩子的叛逆讓家庭關係幾乎瓦解，疫情下經營多年的事業團隊一夕崩盤。我不得不面對：是不是忽略了什麼重要的訊號？是不是宇宙在提醒我，該轉彎了？

這時，我重新看見了「果園」。這片由夫家經營多年的土地，過去我只偶爾參與、一年出現一次，卻在疫情期間，靠著長年支持我們的老顧客撐了下來。那一刻我明白，也許這就是命運要我回來的地方。

我開始參加各種農業課程，卻總有一種格格不入的感覺。直到我看到一則網路廣告 —— 炳宏老師的課。這是一門不教電商、不談直播、不靠網路行銷的課程，卻讓我深深好奇他到底在教什麼。

直播說明會中，老師問：「你覺得你的產業是紅海的，請

舉手。」我回:「我是超級無敵霹靂大紅海。」老師看見我寫「農業」,感同身受說了一句:「我懂妳的辛苦。」那一刻,我再也忍不住淚水潰堤。那不只是對農業的理解,而是對我這段時間孤軍奮戰的深刻共鳴。

從那之後,我成了課堂上的「複訓王」,但其實每一次學習都像是在腦中埋下炸彈,重新洗牌我的思維。後來我終於意識到,真正卡住我的,不是市場,而是我對創業的自我設限。我開始認同一件事:我值得成功!

炳宏老師課堂中提到「利他」,這兩個字改變了我與家人的關係。我明白,要經營果園,不能只是我想怎麼做,而是要理解真正的地主 —— 我的公公,他想要的是什麼。半年後,我帶著一份完整的商業計畫,正式邀請公公見面。沒想到他當場紅了眼眶,握著我的手說:「這正是我想做的,只是以前沒有人支持。」那一刻,我知道我走對了方向。

現在的我,不再逃避創業、不再害怕跌倒。我知道,只要方向對、心態對,就會有人與你同行。

給準備要創業、創業中或正在猶豫的你一句話:「開始吧!」

不需要準備完全,先踏出去,再一邊修正、一邊前行。人生會因為一個選擇而翻轉,而富能量,正是那個開關。

做自己人生中的那束玫瑰花,從一個點開始改變,會越來越好。

第 6 章

從內耗到共贏的
行動策略

富能量思維

21 富能量自我診斷：找出你的能量層級與突破關鍵

我們每個人，都有自己的能量頻率。它藏在我們的情緒反應裡、決策模式中、說話語氣與行為習慣上。當你感覺做什麼都提不起勁、想做卻拖延，或者明明努力了卻總卡關……這些都可能不是你「不夠努力」，而是你正處於低能量狀態。

為了幫助學員更清楚掌握這件事，我設計出一套「富能量自我診斷模型」，也就是一份能量層級評估表。這不是一般的性格測驗，也不是簡單的問卷，而是一套結合我多年實戰經驗與富能量理論的實用工具。

它的目的只有一個：幫你看見，你現在在哪一層能量，該如何前進到下一層。

能量層級診斷：你在哪一層？

富能量分為三個主要層級，每一層都有不同的行為反應與思考慣性。你可以透過觀察自己最近的狀態，對照下列描述，來診斷自己的當前位置。

1. 低能量層級：逃避與自我設限

這一層的人經常感到疲憊、提不起勁、想做卻不敢行動。常見語言包括：「這不是我能做到的」、「再看看吧」、「我應該不行」。他們可能：

- 習慣否定自己
- 害怕改變
- 用抱怨代替行動
- 對未來沒有清晰想像

突破低能量層級的關鍵是：「停止抱怨，開始動起來」。哪怕只是小小一個步驟，例如每天早起十分鐘整理思緒，都可能成為扭轉能量的開始。

2. 中能量層級：應付與代辦人生

這一層的人有行動力，也願意努力，但容易疲憊，常處於「做了很多，卻總覺得沒什麼成果」的狀態。他們處在一種忙碌但無效的循環中。特徵包括：

- 一直在做事，但感覺不踏實
- 決策速度慢，常常猶豫
- 行動是為了應付責任，不是出於熱情
- 人際關係消耗多於滋養

中能量層級的轉化點在於：「從應付→到創造」。要開始問自己：「我做這件事，是為了什麼？我真正想創造的是什麼？」學會把日常行動與自己的核心目標連結起來，能幫助你穩穩升級到下一層。

3. 高能量層級：轉化與創造價值

處在這一層的人，身上會散發出一種吸引力。他們懂得為自己負責，也能主動帶動他人。他們的語言經常是：「我可以怎麼解決？」「我們可以一起完成什麼？」他們擁有：

- 積極、主動、樂於連結
- 思維清晰，知道自己的目標
- 面對挑戰不退縮，擅長轉念
- 能與身邊人產生正向循環

高能量層級的人，不是完美，而是「穩定」。他們知道自己也會有情緒，但懂得處理。知道不是每一步都順利，但仍能選擇前進。

能量層級不是評價，而是導航

我們常說「你是什麼頻率，就吸引什麼頻率的人、事、物。」其實這句話說的就是：「你的能量，決定了你在哪一個人生版本裡。」一個處於「應付層」的人，就算擁有再好的資源，也可能抓不住；而一個處在「轉化層」的人，哪怕目前手上資源不多，也能透過行動逐步創造機會。

所以，**能量層級不是評價，而是導航。你清楚自己的位置，才知道該往哪邊走。**

你可以每天花 3 分鐘，問自己三個問題：

1. 我今天的主要情緒是什麼？它屬於哪一個能量層級？
2. 今天我有哪一個小行動，讓我向上了一階？
3. 明天，我可以怎麼讓自己的狀態更穩定、更有力量？

這三個問題，不是為了給自己壓力，而是讓你更「看見自己」。看見，就是改變的起點。

行動比答案重要

這份能量評估表，在我課堂上搭配「人型桌遊」系統使用（見第 3 章），幫助學員不只是理解，而是親身經歷自己的轉變歷程。

但就算你手邊沒有工具，也可以從現在開始練習：**關注自己的狀態、辨識自己的能量、調整自己的決定。**

你不是非得馬上變得完美，而是願意每天，為自己多轉高一格。

因為你處在什麼能量層級，就會走向怎樣的人生局勢。而你，是可以選擇的。

學員造富分享 ⑭　用一雙手洗出富能量

—— 江佳玫，洗酸堂創辦人、
全球洗酸與氣針灸研發創始人

我是全球洗酸與氣針灸的研發創始人，擁有多國洗酸專利，也是「洗酸堂」的創辦人。這一切的起點，來自於一位我最深愛的女人 —— 我的母親。

那段日子，她因膝關節問題飽受疼痛折磨，關節屈伸不利，無法蹲下，而蹲下後又很難站起來。無論是中醫還是西醫，治療效果總是不如預期，生活品質急速下滑。看著母親從一個熱情開朗的女人，逐漸變得沉默沮喪，全家人的心也跟著慢慢地沉了下來。她是家的靈魂，她不快樂，我們全家都無法真正笑得出來。

我不願放棄。於是投入礦物與草藥的研究，夜以繼日地調配與試驗。直到某晚，在夢中，觀世音菩薩給了我一個清晰的訊息與比例。我照著夢中的指引進行調製，奇蹟也因此發生 —— 媽媽的狀況明顯改善，短短兩個月後，她不僅能夠健步如飛，還重新挑戰登山，甚至連年輕人都跟不上她的腳步。

這套方法，我稱之為「居家華佗 —— 洗酸、氣針灸」。

朋友們看到母親的驚人轉變，都鼓勵我將這個方法推廣出去，幫助更多人。菩薩也不斷給予我鼓勵。但那時的我，對「擴張」這件事充滿抗拒。我喜歡自由，不願受限於公司制

富能量思維

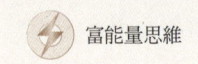

度，也不想困在員工與打卡的框架中。於是這十多年來，洗酸僅靠口耳相傳，雖無負評，卻也從未主動行銷。

直到有一天，我聽了一場陳炳宏老師的銷講演說。我當場問老師：「老師，有沒有可能做到跨國規模，但團隊只有個位數？」老師笑著回答：「我的公司就我一人，加上師母幫我記帳，也才兩人。」那一刻，我彷彿被雷打到，一道曙光刷地照進心裡。

銷講還沒結束，我就立刻報名了老師的「贏銷課」。現在，一年過去了，我想跟大家說 ── 我也做到了。

我創立了自己的品牌與據點，擁有遍布國內外的經銷商，核心團隊始終不超過五人。我們的影響力卻不輸千軍萬馬。真正的關鍵，不在於人數的多寡，而在於思維的轉變。我要感謝炳宏老師，是他教會我：商業不必血汗，不必內耗，可以回歸到價值與利他的本質。

第一次參加「富能量課程」時，我原以為那只是一場身心靈的雞湯分享。沒想到，它是一次深度的商業覺醒。課程不談競爭，也不講誰輸誰贏，而是重新定義「富」的本質 ── 它不只是財富的累積，更是家業與事業的雙修，是內在與外在的平衡整合。

老師所傳授的造富 12 法則，就像為我人生裝上了導航系統，讓我每一個選擇都走得篤定、踏實。老師的一句話：「馬分槽而食，豬同槽而餵」，更讓我頓悟經營與管理的核心，也釋懷了過去那些我不願放下的誤解與委屈。

這一年多以來，我用對的能量做對的事。工作不再是壓力，而是一種樂趣；挑戰不再是困難，而是成長的遊戲。我也結識了許多溫暖、善良、志同道合的創業夥伴，我們彼此支持、互相成就，一起走得更穩、更遠。

如今的「洗酸堂」，不只是中醫技術的傳承與創新，更是一間承載台灣精神的台式中醫 SPA，揉合了台灣人的熱情、善良與細膩，把美學與健康帶進日常，也讓世界看見台灣的柔軟與堅韌。

就像洗酸堂的 Logo「太極蝴蝶」，象徵著療癒師的雙手如翅膀傳遞能量，一節一節喚醒氣場，帶來身心靈的流動與覺醒，生生不息。

如果你此刻正卡在人生的一個十字路口，不必急著改變世界。請先停下來，靜靜地，給自己一個對的環境，感受一種對的能量。你比自己想像的更強大，也更值得被看見。

人生不是硬撐，而是找到屬於自己的方向，重新啟動內在的力量。

歡迎你來洗酸堂，也歡迎你走進「富能量」，找回你的光與熱，照亮更大的自己。

22 洞察根本：
富能量的局勢分析法

有句話說：「站在風口上，豬也能飛。」這句話點出一個重點：「局勢」決定成敗。看懂局勢，是一件非常重要的事。因為這個世界一直在變，環境變了，遊戲規則也會跟著改變。**誰能看清方向、順勢而為，誰就能走得更順、更遠。**

選對方向，才能輕鬆致富

很多人以為致富的關鍵是努力，但我想說，努力只是基本門檻，真正讓你翻身的是：「選對方向，再加上明確定位」。

第 1 章提到，我第一次創業，只靠 3,000 元。資金不

夠、沒人脈、沒資源，我該怎麼辦？如果一開始就和大公司拚設備、拚資本，根本撐不久。所以我乾脆換一條路 —— 不是比資源，而是比觀察力與行動力。

我發現，當時很多中小企業有做廣告的需求，但預算有限、溝通又常常卡卡，既想要效果，也不想花太多。這就是我的機會！我立刻拿起黃色電話簿，從第一頁開始打，一間一間主動推廣自己的創意服務。沒有網站、沒有廣告、沒有團隊，只靠一台電話，第一個月，我就完成了一筆 30 萬元利潤的業務。

這個經驗讓我印象深刻，因為我體會到，**只要方向對，做法可以很土、很笨，但就是能成。反過來說，如果方向錯了，就算你再努力、再厲害，也難有成果。**

除了方向，另一個關鍵是定位。我不是做「設計公司」，而是針對「需要廣告但預算有限」的中小企業，提供「可以溝通、懂創意又不貴」的服務。這個定位，剛好填補了市場的空隙。

很多人創業失敗，不是因為他們不夠努力，而是因為搞不清楚自己是誰、為誰服務。今天你做健康餐，但你的菜單看起來像便當店；你想做高單價顧問，但講話方式又像是在推銷直銷。定位不清楚，市場怎麼記住你？你又怎麼累積品牌力？

定位，說穿了，就是一個讓你省力、加速被選擇的機制。選對了定位，就像在對的時候說出對的話，吸引對的人，自然少走很多冤枉路。

我常說：「富能量的人不是靠蠻幹，而是懂得看清局勢、精準行動。」很多人拚命做、努力做，但苦撐一年還賺不到什麼，因為他從頭到尾都在錯的市場，或是模糊的定位裡打轉。你不如先停下來，想清楚三件事：

1. **現在市場真正缺什麼？**
2. **你能補上哪一塊？**
3. **你的存在，對誰來說是「非你不可」？**

從這三個問題出發，你會開始找到屬於你的方向與位置。

我創業的前幾年沒請廣告公司，也沒打品牌戰，但靠著準確的方向與清楚的定位，一樣接到案子、穩定成長，最後才慢慢擴張、建立團隊。

這也是為什麼我一直強調：「選擇比努力重要。」努力是基本，但走對方向，才走得遠。**選對方向，才能輕鬆致富；定好位置，才不會走錯力氣。**

洞察力＋富能量，讓財富加速成長

講到這裡，重點來了 —— 與其說我在談富能量，我更關心的是一個創業者「有沒有具備核心能力」，尤其是「洞察力」。「洞察力」表面上看起來跟富能量好像無關，其實兩者關係密切到不行。洞察力，是你看清事情本質、提前捕捉趨勢的能力。富能量，是你內在那股推動你前進、讓你不輕易放棄的動力。當這兩種力量加在一起，就會創造出更大的成果。

我用一句話來總結：**洞察力＋富能量＝財富加速成長**。

很多人以為別人成功是靠運氣，但事實是，他們比你早一步看到機會、早一步做準備。還記得從網路時代、手機崛起到現在的自媒體，你抓住哪一波？有些人早就開始經營 YouTube、做電商、開團購，現在早就站穩腳步了。

現在是 AI 科技崛起的年代，還在觀望的人很多，但已經有人在布局 AI 教育、應用、投資。這些人就是提前站在風口上的人。

富能量思維

有能量、有眼光,才有致富的可能

你有沒有發現,很多成功的人不是最努力的,而是最會「看局」的。但如果你只會「看」,不會「做」,也一樣抓不住。所以,我說:「**看清局勢只是第一步,行動才是關鍵。**」而能讓你願意行動、不怕風險、堅持到底的那股力量,就是「富能量」。

富能量不是單純指金錢,而是你整體的內在資源,像是你的:

- 思維狀態(**你有沒有轉念力?**)
- 人脈網絡(**你有沒有可以合作、可以互助的人?**)
- 行動力與執行力(**你說了,做了沒?**)
- 價值創造能力(**你提供的,市場要不要?**)

這些都是無形的資產。當你有足夠的富能量,又看得懂局勢,你就比別人多一倍的成功機會。

提到富能量的局勢分析,這已經跨到創業課程的範疇,在深入解剖這個題目之前,我想先跟讀者分享順流而上。

大家都聽過,從政的人要「政治正確」才會有未來。這個道理很簡單,試想:國家領導人規劃未來方針是往西邊發

展，結果自己偏要往東發展，想想看，自己的從政生涯會有未來嗎？

其實不管是從政、還是做生意，或者只是規劃自己的人生，掌握機會，選對方向很重要。**很多成功的人不一定是自己多能幹，而是懂得「抓住時機」**，好比巴菲特，他懂得低買高賣，最終成為股神；賈伯斯，他發現智慧手機會帶給人類生活工作帶來更多方便，所以有了 iPhone。如果沒有抓住時機，巴菲特還是一個不太愛說話的內向人，賈伯斯的蘋果也可能還是在賣電腦而已。所以成功的人，總是懂得分析局勢，知道自己什麼時候該出手，什麼時候該等一下。

當你選對了趨勢，賺錢，其實比你想的簡單得多。別逆著市場走，別死守過時的產業！順流而上的關鍵就是：找到市場上的「順風車」，然後搭上去。

大家不妨想像一下，如果你開一家餐廳，結果市場開始流行健康飲食，但你還在賣高油高鹽的炸物，那生意肯定會受影響。反過來，若你能提前察覺趨勢，推出健康餐點，可能就能大賣。這就像國際局勢一樣，國家之間的關係一旦發生改變，人民的經濟、生活都會受影響，所以領導者一定要看清局勢，才能做出正確決定。

所以，大家千萬別盲目衝刺，要衝之前一定要先看清

局勢！局勢會影響決策、左右政策，甚至決定你的未來。這個時代變化超快，沒競爭力的人很容易被淘汰。社會不會因為誰「很努力」就特別照顧，反而是誰能適應環境、創造價值，誰就能脫穎而出。所以我一直強調：「選擇比努力更重要！」想在競爭中勝出，光靠拚老命去努力是不夠的，關鍵是**「選對方向，抓住機會，做對決定」**！

「能量」讓你願意起步，「眼光」讓你走得對方向。真正的成功者，從來不是只靠蠻幹，而是懂得把有限的資源最大化。這不是取巧，而是一種高效。

你可能看到，有些人不見得比你更努力，但總是走在前面，那不是因為他們幸運，而是因為他們更會看懂趨勢，提早布局，搶得先機。

富能量，給你的是啟動的動力與持續的韌性，而眼光，給你的是方向感與選擇力。兩者缺一不可。接下來，我想帶你從更實際的角度出發，學會判斷局勢、提升洞察力。

看懂未來趨勢，搭上對的順風車，不再在錯的路上用力奔跑。真正能讓你持續創造價值、穩定累積財富的，不只是行動力，而是富能量加上眼光所帶來的節奏感與策略力。

提升自己「看局勢」的能力

要如何提升自己的「看局勢」能力？其實並不複雜。

1. 要多關心這個世界正在發生什麼事，從國際新聞、產業趨勢到消費習慣的變化，都值得關注。
2. 要保持彈性，當環境改變時，能快速調整策略，而不是硬撐到底、死守舊路。
3. 要敢於做決定，看到機會時能果斷出手，而不是猶豫拖延，等到市場飽和才後悔錯過時機。

但說到底，核心還是「洞察力」——一種看透事物本質、辨別真相的能力。不是只停留在表面，而是能夠看見深層原因與背後邏輯。

洞察力可以訓練嗎？當然可以！

你可以透過閱讀、多角度思考與資訊分析，來培養批判性判斷力。尤其在現在這個媒體立場分明的時代，更需要學會撥開包裝、拆解訊息，去思考背後真正的意圖與根源。

舉例來說，當大家在討論選舉時，往往只聚焦於候選人、政黨或特定事件。但從更高的層次來看，真正決定一個國家未來發展的，是國際局勢與總體經濟環境。這些宏觀因

素,才是選舉結果背後更深層的驅動力。

我曾在中國發展多年,那時經濟蓬勃、局勢穩定,創業環境非常友善。但這幾年情勢逐漸改變,內部經濟下行、財政壓力上升,政治氛圍也開始轉向。單看現在的上海機場,跟過去人聲鼎沸、國際旅客滿滿的情況相比,如今的空間至少「寬鬆了一大半」。這不是誰變懶惰了,而是整個大環境變了。

這些改變,不是個人可以改變的,而是趨勢造成的結構性轉移。所以,**做決策時,不應該只看短期利益或個人喜好,而應該關注更深層的方向與脈動。**

總結來說,洞察力的關鍵,在於看清事物的底層邏輯,理解什麼才是真正影響結果的關鍵,而不是被表象或單一資訊牽著鼻子走。

提升洞察力的日常方法

提升洞察力有幾種方法。第一是「**閱讀**」,第二是「**聆聽**」──但這兩種不是唯一的方式。每個人適合的學習方式不同,有些人不擅長閱讀,卻能透過聆聽快速吸收資訊並內化為自己的知識。第三種方法是「**觀察**」。

很多人每天只是兩點一線地生活，公司、家裡來回穿梭，卻忽略了周遭環境的變化：這條街是不是開了一家新店？那家店是不是突然關門了？其實，這些看似不起眼的變化，背後可能隱藏著很多值得深思的商業線索。為什麼開？為什麼關？它的經營模式出現了什麼問題？

就拿我家附近一家鹽酥雞店來說，店名叫「酥豔文」，取自布袋戲角色「史豔文」的諧音，光聽就讓人印象深刻。但除了名字之外，整體經營方式與一般鹽酥雞攤並無二致。如果這家店能進一步融入布袋戲文化，例如在裝潢、菜單設計、商品命名上都呼應角色設定，那就會很有記憶點。

舉例來說，史豔文的絕招是「純陽掌」，這家店就可以推出一款炸雞掌或炸鴨掌產品，命名為「純陽掌中寶」。又例如「藏鏡人」的招式是「向天開花」，是否可以將「雞米花」命名為「向天開雞米花」？這樣的品牌設計與命名策略，不僅能勾起消費者的好奇與笑意，也能創造話題與差異化。

這就是觀察力的應用。**成功的店家，不只是因為食物好吃，更多時候是因為有行銷策略、品牌故事與細節思維。只要你肯觀察、願意思考，商機無所不在。**

我自己平時出門看到有趣的東西，會隨手拍照，這些素材未來都有可能派上用場。養成這樣的習慣後，你會發現這

個世界充滿細節,不僅能幫助你洞察市場,也讓你保持對生活的好奇與熱情。這些細節,就是培養洞察力的養分。

很多人活得像「日復一日的自動導航」——吃、睡、上班、下班,人生只是機械式重複。當一個人沒有主動學習的欲望,也缺乏目標,只會在環境變動中逐漸迷失。想讓自己變得更好,就必須從思考、觀察與行動開始。

我經常帶學生進行這類訓練。例如,我上課的地點在台北四平商圈,有一次我看到一間店,招牌上寫著「未來學院」。我問學生:「你猜這家店是做什麼的?」很多人只是走過,沒有特別注意。但我好奇,拍了下來,走近一看,原來這不是補習班,而是一間命理館,專門教人學習易經與命理,取名「未來學院」,象徵幫助人「修未來的學分」。

這間店門口擺了很多古董,風格完全不同於一般算命館的臉相圖、掌紋圖等設計。就連招牌的命名也把「命理」這件事包裝成一種未來學的探索,瞬間讓算命館的形象升級。這種設計不僅吸睛,更充滿思考與洞察的巧思。

我常說:洞察力就是「從問號到驚嘆號」的旅程。當你願意多問一個「為什麼」,你就會更想知道答案;當你知道了答案,就會有「原來如此!」的驚喜。

訓練洞察力的五大方法

1. **閱讀**：不只是書籍，還包括報章雜誌、廣告文宣、生活中各種資訊來源。
2. **聆聽**：我自己不太擅長讀書，但我擅長「聽」，能把聽到的內容在腦中快速整理，變成自己的觀點。
3. **觀察**：多觀察周遭環境的變化與細節，市場往往藏在生活裡。
4. **好奇**：保持「Why」的心態，願意發問，就會產生想探索的動力。
5. **發掘根源**：當你理解一個現象背後的本質，就會從心裡冒出一句：「喔，原來是這樣！」

> 富能量思維

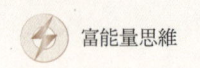

學員造富分享 ⑮ 利他的力量，不再孤軍奮戰

—— 謝鷹桃，美你的事國際有限公司執行長

我在美業創業已逾 16 年，2024 年擴展至生技領域，成立公司、開展與「美」相關的產品與教育項目。這段過程中，我發現：開店與經營企業，根本是兩個完全不同的世界。即使我擁有堅定的信念與熱情，卻無法單靠熟悉的經營模式，建立起一套真正適用的企業架構。

這期間，我上了很多課，也遇見了許多老師，直到我走進陳炳宏老師的課程 —— 一位我心中真正「懂商業，也懂道」的老師。我在「富能量電力公司」課程中感受到一股不同於以往的思維力量：商業不只為了利益，更關乎價值與利他。

我最受用的法則之一，是「別再單打獨鬥，連結你的我們」。老師教我們：「同業不該是敵人，而是可以共創市場的夥伴。」於是，我開始實踐「利他共生」的精神，主動整合同業資源、攜手合作，組建以正向價值為核心的產業生態圈。這不僅化解了以往彼此競爭的緊張感，還創造出更多激盪與協作的火花。

不到一年，我的事業版圖完成跨越。我從一家原本僅有銷售與教育功能的公司，擴展出研發製造廠、食品廠與實驗室，建立起完整的商業閉環。這不只是企業規模的成長，更是格局與視野的突破。

我始終相信:「成功,就是用你想要的方式,實現你要的結果。」

富能量,正是幫助我走上這條路的關鍵起點。

23 逆境結善、順境傳富：善用資源，回饋社會

我們中文常說：「人生不如意事，十之八九。」英文也有句諺語：「Life is full of ups and downs.」意思是：人生有起有落，高潮與低谷交錯而來。

這句話告訴我們一個道理：人的一生，不可能永遠一帆風順，但也不會一直倒霉。命運總是在順境與逆境之間擺盪。既然如此，我們就要學會在風雨中穩住自己，不迷失、不放棄。

當你處在人生的低谷時，最重要的第一件事，就是：「不放棄」。

考試失利、工作卡關、人際關係出現裂痕，或是遭遇一場突如其來的變故……這些事情雖然當下看起來很糟，但只要大難不死，就還有翻盤的機會。請記住，壞時光總會過去，就像天氣再怎麼陰沉，也不可能永遠不放晴。

第二件事是：「結善緣」。

許多人以為自己什麼都沒了，其實只要還能付出，就代表你仍擁有「富能量」。願意幫助別人，就是一種內在的富足。幫助別人不一定要用金錢，有時候一句鼓勵、一次傾聽、一個分享，都可能在對方最需要的時候點亮一盞燈，也為自己默默種下善的種子。

在逆境中願意伸出援手，是一種力量；在順境中懂得回饋社會，是一種福報。 當你處於低潮，請不要吝嗇行善；當你走在順風處，也別忘了伸手幫助還在努力的人。

真正的「富」，從來不是只有金錢，而是你願意把自己的資源，用來創造更多人的價值。那麼，不管你此刻處在哪個人生階段，都已經是一個在「富能量」中流動的人。

共享，即是結善緣，更能創造紅利

談到結善緣，我想從「共享經濟」談起。**共享的本質，就是一種結善緣。** 透過資源共享，我們不只創造便利與效率，更是啟動了一種彼此成就、互助共贏的思維。

以社群經營與共享經濟為例，我們不妨觀察中國的操作方式，看看他們是如何推動共享電動車或經營社群規模。

富能量思維

　　許多人常問，為何中國過去二十年間能高速發展，而台灣相對停滯？關鍵之一，就在於「視野的差距」。很多人只關心身邊 5 公尺內的事物，卻忽略了 5,000 公里外的變化。**當你的眼光被局限在一個小圈圈裡，思維自然難以突破；相反，若你能跳脫眼前框架、放眼國際，學習更開闊的市場經驗，成長就會更快速。**

　　以「共享單車」為例，台灣有 uBike，而中國有 Mobike。兩者看似類似，實則經營邏輯截然不同。uBike 著重在單位收益計算，精算每輛車的成本回收期；而 Mobike 的核心，則在於「現金流」與「資金沉澱」。

　　你可能會驚訝，Mobike 的創辦人胡瑋煒原本只是一名雜誌編輯。她因為不滿城市交通不便，決定親自動手解決問題。31 歲時，在沒有資本的情況下，她僅憑一份商業計畫書就成功募資，三年後更將公司以 27 億美元高價出售。

　　她看準的不只是共享單車，而是「資金流動」背後的潛力。當時中國自行車製造業內捲嚴重，許多廠商渴望轉型。於是，一家自行車廠商決定投資 Mobike，不僅打開了市場，也參與了創新機會。

　　第一年 Mobike 就大規模投放單車，成功的關鍵在於「押金制度」：每位用戶註冊時需繳交人民幣 299 元（約新台幣 1,500 元）作為押金。短短一年，Mobike 就吸引了超

過 1,000 萬用戶，累積押金突破人民幣 30 億元，為企業打造出強大的現金流基礎。

接著，馬雲、雷軍等重量級投資人相繼加入，資本市場的力量迅速放大，最終 Mobike 以新台幣八百多億元的估值被收購。

這樣的成長速度，在台灣極為罕見。為什麼？因為台灣傳統經營思維，仍以「單位收益」為核心，處處精打細算。而中國創新企業則更注重「資金規模」與「現金流布局」，思維上的差異，決定了資本運作的格局。

當然，Mobike 的「隨停隨放」也引發後來共享單車亂象，但對 Mobike 而言，每月即使有十萬輛車報廢，都不構成營運威脅。為什麼？因為他們早已掌握了現金流優勢，能承受系統性損耗。

這給了我們什麼啟示？

當你處於逆境時，請記住兩件事：不放棄、主動結善緣。走出去，多觀察、多洞察、多學習。跳脫傳統「買賣思維」，走進「生態圈」與「共享思維」的格局。 當你願意以更宏觀的視角看待世界，就能真正發現**轉機與機會**。

共享即是連結，連結即能創造能量紅利。善用資源，也要懂得「成為資源」，才是富能量真正的展現。

選擇善良與分享

「逆境結善，順境傳富」，這句話的真正涵義，其實是一個天機：逆境時，選擇善良；順境時，選擇分享。

當事業不順、財務壓力沉重，或是人際關係陷入低潮時，許多人會說：「我自己都快過不下去了，怎麼還有餘力幫別人？」但事實上，**選擇善良，反而能幫助你走出困境**。

你是否也曾發現，當你幫助別人時，自己的心情也跟著好轉？比方說，在低潮時，選擇關心身邊的人、參與一些善行，會讓你從「關注自己的困境」，轉向「看到世界還有希望」。這不是玄學，而是一種心理與能量的轉化。善良讓人更有力量，也能幫你擺脫負面情緒，回到穩定積極的狀態。

善行，不必是什麼驚天動地的壯舉。**日常生活中，對家人多一點耐心、幫助陌生人過馬路、主動安慰情緒低落的朋友……這些看似微不足道的舉動，其實都是「好運的種子」，幫助你在人生的低谷中累積力量，為未來打下基礎。**

當你進入「順境模式」，也就是工作越做越順、財務逐漸穩定、生活處處順利時，要更加注意自己的心態。順境最容易讓人產生一種「我超強」的錯覺，但驕傲是跌倒的前兆。越是在高點時，越要保持謙虛、珍惜現狀。

這時候，你可以做的事，就是「傳富」——也就是分享

富能量。

分享，是讓幸運延續的方式。傳遞善意，分享知識、經驗、資源，不只是讓他人受益，也讓你的能量場持續在高頻率狀態，避免運勢的流失。**越是懂得分享的人，越容易長保好運。**

許多成功者都明白這個道理。像比爾・蓋茲，累積了巨額財富之後，選擇創立基金會投入公益；巴菲特也公開表示要把大部分資產捐作慈善。我們或許沒有這麼龐大的資源，但分享不必等到富有才開始。

當你在職場累積了一些經驗，便能主動指導剛入行的新人；當你收入穩定了，就可以適度支援家人或朋友，幫助他們度過難關。這些善意與分享，會在無形中，替你累積更多人脈與貴人緣。

善良，是逆境中最好的避震器；分享，是順境中最強的穩定器。

這就是富能量的精髓。從逆境到順境，每一步都靠著內在的修為與行動力，讓你的人生不斷向上，走得穩健而長遠。

> **學員造富分享 ⑯** 創業陪跑，也走出自己的光
> ── 劉鈞軒（醬醬哥），軒廚餐飲規劃公司創辦人

　　從事餐飲輔導這條路，我已經走了十六個年頭，一路從未離開第一線的現場。以創業者的角度出發，我陪伴他們一步步實現夢想。

　　我提供的，不只是一份顧問式的建議，更是一種「陪跑」的存在──從店面評估、菜單設計、內外場動線規劃，到實際操作教學，我都親身參與。也會陪他們挑選設備、採買餐具、反覆試菜、設計流程，甚至度過最不安的試賣期，直到他們能獨立面對每一個經營難題。

　　這些年來，我接觸過各種類型的創業者：剛畢業的新鮮人、人生下半場的退休族、無經驗的料理小白，也有想拓展副業的家庭主婦。從路邊攤、簡餐店、複合式餐廳，到庭園餐廳，每一種業態我都實際參與輔導，也為他們量身打造經營模式。

　　雖然這樣的工作型態非常辛苦，一人背著教學器材、跑遍全台，但每當客戶回頭說：「劉老師，謝謝你，幫我們打造了一個屬於自己的夢想事業。」那一刻，我知道自己走在對的路上。

　　然而，在不斷陪跑創業者的過程中，我也意識到：如果我想帶來更大的價值，不能只靠經驗，而需要更有系統、更有邏

輯的商業思維。

於是，一年前我參加了兩岸贏銷教父陳炳宏老師的「創業行銷系統班」與「商業模式班」。那一刻，我彷彿打通任督二脈。原來，過去十五年來的經驗，都能被系統化整理，變得更清晰、更有力量。

我開始學會用品牌定位來協助創業者找出核心價值；用顧客關係管理，幫助他們留住好客人；用利潤模型設計營運架構，讓創業不再只是靠直覺，而是一場可預判、可優化的長跑。

這些學習不只讓我幫助創業者開一間店，而是引導他們打造一個可以永續經營的品牌。

而後我進一步參與「富能量電力公司」課程，更學到一句話：「別再單打獨鬥。」這句話深深打中我。因為過去的我，從規劃、教學到執行，事事親力親為，從沒想過其實可以「與人協作」。

現在，我學會與同行協作、與贏商會夥伴異業整合，彼此共享資源、互相補位，建立起這個時代的新創業生態圈。

更讓我感動的是老師常說的這句話：「心存利他，廣結善緣，貴人自然匯聚。」這句話與我一路以來的信念不謀而合。我從來不是為了利益而輔導創業，而是真心希望每個人都能完成夢想。如今，這樣的心念有了理論支持、有了系統依據，也讓我更加堅信自己選對了方向。

創業路上，你不必孤軍奮戰。你可以選擇與一群有溫度、有信念的夥伴同行。我也曾走過孤單又摸索的日子，如今在炳

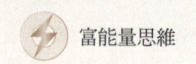

宏老師打造的生態圈裡，我找到方向與力量；在贏商會的家人中，我擁有一群志同道合的夥伴。

當你願意連結，就會發現這世界比你想的溫暖；當你願意付出，就會啟動一股善的循環。

我期待這份「富能量」持續擴散出去，讓更多還在原地迷惘的人，不再害怕啟程。

讓我們一起，用彼此的經驗與資源，打造一條讓夢想落地的路，也為這個世界，創造更多溫柔而堅定的力量。

24 6富金字塔：打造你的人生電力公司

這幾年，我在課程與輔導個案中，時常聽見一個問題：

「老師，我知道富能量很重要，但我該從哪裡開始？」

這句話提醒我，富能量的系統不能只是空談，而是需要一張清楚的藍圖，引導每個人按部就班，把夢想一步步蓋出來。

因此，我設計出這套「6富金字塔」，它的靈感來自馬斯洛的需求層次理論，卻更貼近創業者與職場人的真實挑戰。**從內在氣場、家庭關係到事業轉化與影響力，這不是抽象概念，而是實戰驗證的行動架構**。這座金字塔有六層，象徵人生不同階段的成長任務。你可以把它想像成「富能量人生公司的建築圖」，最下面的基礎打穩了，上面的影響力才

立得住，才走得遠。

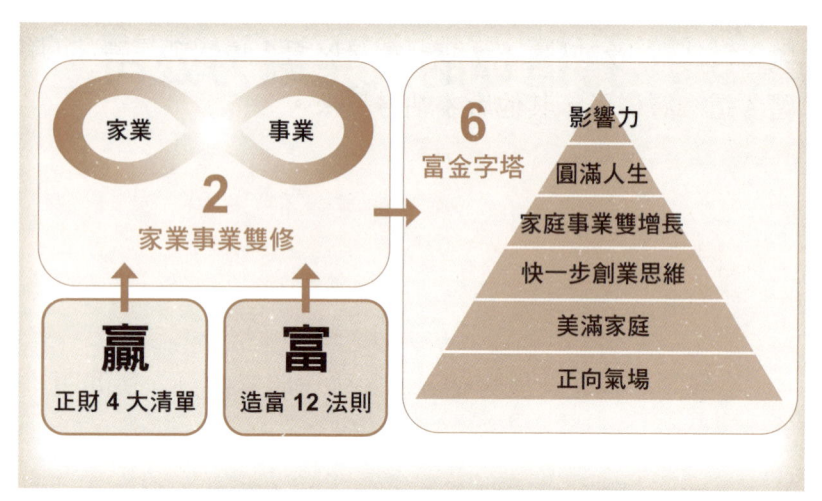

圖 6-1　富能量的 6 富金字塔

1. 正向氣場：情緒轉念，是一切的起點

很多人覺得，創業、翻身、改命要先找方法、資源、人脈，但我說，不對，**第一步是調頻，是穩定自己身上的氣場。**

什麼是氣場？不是神祕學，而是你帶給別人的感受。是正向積極、還是焦慮抱怨？這決定你吸引來的是貴人，還是遠離你的人。

建立正向氣場的第一步，是學會「轉念」。就像我在課堂上常說的：「**轉念間，造富就在一瞬間。**」從批評轉為理解、從比較轉為欣賞、從怨懟轉為反省，這些都是轉念的練習。這一層穩了，其他層才站得起來。

2. 美滿家庭：家，是你的能量發電廠

別小看家庭的影響力。很多人事業再成功，一回到家就像洩氣的皮球，原因不是外在條件，而是內在能量的漏電。你要的是一個讓你可以充電的家，而不是放電的場。

這層金字塔要練的，是「關係經營」：和伴侶有默契、和孩子有連結、和父母有互信。當你在家能自在做自己，那種被接納、被支持的感覺，就是富能量的底氣。

一個幸福的家，是你敢夢、敢衝、敢失敗的保險箱。

3. 創業思維：不是會做什麼，而是市場要什麼

第三層是思維的轉換。如果你前兩層已經穩定，這時候要問自己：

「我能不能用市場思維,為我的專業找出商業解法?」

不是每個人都要開公司,但每個人都需要創業思維:你做的事情能不能解決問題?能不能變現?能不能複製?這就是創業邏輯。**創業思維,是讓你脫離打工型思維,邁向創價型人生的關鍵一步。**

4. 家業事業雙成長:雙引擎的人生才跑得遠

這層講的是整合與共好。我見過太多創業者拚命工作,結果家人不諒解、關係破裂;也看過很多顧家的好人,卻苦無資源,夢想困在現實裡。

什麼叫富能量?就是「家業事業雙修」。

這不是口號,而是要練習讓你的事業支持家庭,家庭支持事業。你要讓你的另一半看懂你在做什麼、支持你做得更好;也要願意在家中落地分享,讓家成為一個共好平台。這一層練的是「連結與同頻」,讓你的能量不只為自己,也為你在乎的人累積幸福存款。

5. 圓滿人生：不是追求完美，而是感到剛剛好

到了這裡，你會發現，富能量的人生，不是只有財富自由，而是內外一致的圓滿感。

什麼是圓滿？不是擁有一切，而是放下不必要的執著。有些人年收千萬還是焦慮，有些人月收不到十萬元卻活得很踏實。關鍵在於：你有沒有活在自己的節奏與價值裡。

圓滿是一種狀態，也是一種選擇。你願意看見自己所擁有的，也願意繼續往前走，不急不慌，有方向、有意義。

6. 影響力：讓世界因你變好一點點

最高層是影響力，那就是「**說話有人聽、做事人有跟**」。這時，你不只是追夢的人，而是引路的人；不只是能量的使用者，而是能量的傳遞者。

你的故事、選擇、信念，會開始影響別人。你說的一句話，可能讓某人振作；你創的系統，可能讓一群人有方向。這就是富能量的終極狀態。當你走到這一層，你已經不再只為自己努力，而是為「我們」而行動。你成為一座燈塔，也是一條河流。

總結這 6 層，你可以這樣記：

- 氣場穩了，人才聚得起來
- 家庭穩了，能量才不會漏電
- 思維正了，資源才會來
- 家業事業雙修，能量才不會打架
- 心中圓滿，行動才會持久
- 有了影響力，你的人生才會留下軌跡

你的人生要蓋多高的塔，就看你願不願從基礎開始，一層一層地，誠實練習，踏實累積。富能量，不是一天練成的。但只要開始搭建這座「6 富金字塔」，你的人生電力公司，就啟動了。

25 實現多贏的富能量生態圈

我們每個人心中，或多或少都有一個「理想的自己」。

可能你希望自己成為事業有成的企業家，也可能渴望當一位有影響力的創作者；又或者，你只想當一位能照顧好家人的先生或妻子，在守護家庭的同時，也能實現個人夢想⋯⋯但從現實到理想之間，總有一段距離，甚至有時候，那看起來像是一個遙不可及的夢。

我想做的，就是引導你一步步，將這個夢，落實為生活中的現實。讓那個「最理想的你」，不只活在想像中，而是真實地活在每天的行動裡。

這一切的前提只有一個：你願不願意「開始行動」？

你不需要完美才能開始，只要願意誠實看見現在的自己。承認自己有卡關、有迷惘，並不是弱點，而是一種力量的起點。只要你真心渴望成長、願意付出行動，我會協助你

富能量思維

從富能量系統中,啟動一場全方位的進化,從個人、家庭到事業,全面提升與豐盛。

你不會是孤軍奮戰。你有導師、有家人、有夥伴、有教練,甚至一次行銷活動的參與者,都可能成為拉你一把的貴人。只要你願意敞開、願意連結,富能量的力量就會進來。

活出自己想要的樣子

舉個例子,贏商會的活動,不只是彼此交流,更是一次次「思想上的碰撞」。許多人雖然已經加入了會員,但若只是旁觀,沒有深入參與、沒有實際互動,能量的流動自然也難以啟動。

我常說,人若缺乏深度連結,很容易掉入「自我循環」的盲區中 —— 覺得自己不錯、沒問題,但卻逐漸喪失他人的反饋與支持。這種「自我感覺良好」,表面自信,實則封閉。

在商會與課程中,我最重視的,就是幫助大家從「自我」跨越到「智我」—— 那個更智慧、更通透的自己。這個過程,正是我們電力課程的核心。

我設計的「富能量電力公司」課程,就是幫助大家從內

在找到力量，從外在建立連結。它有三個層次：

1. **自我認同**：重新連結自己內在的價值與目標
2. **家庭與夥伴認同**：來自身邊重要他人的肯定與支持
3. **社會認同**：來自群體與市場的認可與價值轉換

這種「軟實力」的提升，就像一隻手，拉你往更高的層次。但光有軟實力還不夠，還需要「硬實力」的支持。這包括你的人脈、資源、專業技能、創業與營運能力，以及你是否具備贏得市場與資本信任的條件。

所以，我同步開設了「贏銷班」與「商業模式班」，並建立兩大平台：「贏商會」與「社區創業學院」。這是另一隻手，幫助你連結資源、打造實力，協助你在現實世界中站穩腳步、持續前進。

我做的每一件事，無論是課程設計、社群經營、平台建立，最終目的，都是協助你從「自我」走向「智我」—— 從一個天馬行空想像自己的人，變成一個有資源、有夥伴、有路徑能落地實現的人。

當你同時擁有穩定的「軟實力」與堅實的「硬實力」，當你願意連結、願意給予，也願意被幫助，這時候，你就會開始真正活出那個「理想中的自己」—— 而這一切，不再只

是夢。

從容與影響力,更是一種富能量

很多人問我:「老師,你怎麼總是這麼從容,看起來從不慌亂?」

我總是笑著回應:「不是我天生淡定,而是這些年,我真的很努力在做一件事 ── 管理好自己。」

對我而言,從容不是氣質或修養,而是一種練出來的能力。

你越能掌握情緒、管理時間、穩定狀態、專注注意力,就越能在關鍵時刻冷靜判斷、不被情緒牽著走,做事也更有節奏。這種穩定,其實就是一種「富能量」。

當你越穩定,說話自然越有力量。因為你說的,是來自經驗、行動與成果的內容,自然會有人聽、有人信,甚至有人願意跟著你走。

這種影響力,不是靠發號施令得來的,而是因為你讓人感受到:和你在一起,有方向、有希望、有信任。

說話有人聽,做事有人跟,無形之中,影響力就自然生成了。真正的影響力來自於兩件事:

1. 內在的清晰與穩定，你知道自己是誰、要什麼
2. 持續為別人創造價值，你願意給予、願意支持

影響力，不是權威的展現，而是一種讓人願意靠近、願意相信、願意同行的能量狀態。

正因為有這樣的從容與能量，在我 50 歲那年回到台灣、從零開始再次創業時，儘管當時沒有資源、沒有人脈、也沒有平台，我仍然選擇相信：「我有能量，我有信念。」

於是，在短短幾年間，我和一群志同道合的夥伴，攜手創造出一連串不可思議的成果：

- 創立了「創業學院」，累積數千位學員，協助無數人把創業夢變成行動
- 發起「贏商會」，凝聚數百位會員共學共成長，彼此連結與合作
- 推動超過 100 所「社區創業學院」，將生態圈思維帶入地方與社區
- 成立「富能量電力公司」，短短幾個月就吸引數百位學員加入，一起探索如何成為更有影響力的人
- 與大學合作，成立「產業碩士班」，將實戰經驗系統化地導入校園，培養未來產業人才

我陪伴數千位學員，從想法走向實踐；連結數百位優質企業家，建立互助成長的共學平台；更讓許多人成為富能量的推動者，讓知識落地，讓生命發光。

　　這些成就，來自我數十年如一日的自我修煉與能量累積。

　　因為內在夠穩，能量夠強，自然會吸引同頻的人，彼此共振，一起創造出更多「原本以為不可能的事」。

學員造富分享 ⑰　富能量，一場人生經營的修煉

——韋幸均，美容陪跑教練、睫絲美業教育平台共同創辦人

我從事美容與醫美產業已超過 23 年，目前的身分是一位「美容陪跑教練」。

為什麼不是培訓老師？因為我不只是教技術，而是陪伴店家夥伴升級轉型，打造屬於他們的事業定位。我相信團隊的力量，因為我自己曾是單親媽媽，一路獨自打拼事業、撐起家庭，深知一人奮戰的孤單與無力感。

雖然過程艱辛，但我心中始終滿懷感恩與滿足。因為我能做自己、經營自己的事業，並為深愛的家人努力。這份來自內心的成就感，一直是我前行的最大動力。

直到一年多前，我遇見陳炳宏老師與「富能量電力公司」課程，人生視野就此開展。這不只是創業系統課，更是一場人生經營的修煉。

老師教會我什麼是「利他精神」——不只是從自己的角度出發，而是理解，真正的成就來自身邊那些默默支持我們的人。當我們有所成就時，也應主動成就他人，讓商業成為一場善的循環。這樣的理念，深深改變了我看待成功的方式。

在美業這條路上，我始終堅持「專業 × 溫度」並重。不只提供美容與醫美科技的服務，更希望透過量身打造的解決方

案，幫助每一位顧客重拾自信與光采。

如今的我，不再獨行。因為富能量的緣分，我與曉莉老師結識，攜手創立「睫絲美業教育平台」，致力於用陪跑與教練式的方式，幫助更多美業創業者穩健前行。從個體創業者到攜手同行，我們正在共創一個以「成就彼此」為核心的商業生態圈。

過去我以為，只要技術夠好，事業自然會成長；後來才明白，真正能讓產業突破天花板的關鍵，是老師所說的 —— 共創生態圈。

如果你也正在創業途中，誠摯邀請你加入「贏商會」，這裡是一個相信利他精神、實踐共好共贏的創業家園。

最後，感謝炳宏老師，讓過去只會埋頭苦幹、不擅整合資源的我，蛻變成一位懂得協作、願意分享的創業者。現在，我與曉莉老師攜手前行，期望透過我們的專業，讓更多人綻放屬於自己的光芒，讓這個世界，因為我們的存在而更加美好。

結語
擺脫負向，迎向富能量人生

　　我自己在整理這些內容的過程，也很真實地經歷了那種「碎片化」的負向想法：一開始很多靈感、很多念頭都是零散的，愈寫好像愈進入迷宮，但是我就是有使命要它們整理出來，撞牆的時候，我就先放著，去做別的事，讓靈感回來的時候再繼續完成。

　　我不會逼自己到極限，因為要做好一件事，本來就要有空間、要懂得放鬆。

　　當這些隱藏在內心很久的東西被整理出來，哇！那個成就感真的很大！這本書終於寫出來了，也印出來了，我最想跟讀者說的話是：

這一本「夢想實踐守則」，可以陪你一起，把夢走成路，把願望變成真的人生。

　　特別是現在這個時代，外在環境真的變化太快、也太混亂了。這幾年，世界幾乎沒真正「安穩」過。疫情才結束沒

富能量思維

多久,烏俄戰爭還沒喊停,歐美通膨壓力一直居高不下……而日前美國總統川普又拋出嚇壞大家的關稅政策,不只影響美中關係,也攪動了整個世界的經濟局勢,讓全球貿易和市場再次陷入不確定。我們正處在一個資訊爆炸、節奏加快、局勢混亂的年代,市場不斷動盪,企業不斷重整,老百姓的工作、消費、生活信心都可能隨時被牽動。

但你會發現,真正能穿越這些亂流的人,不是最有錢、最聰明的人,而是那些有「富能量」的人。

當外面亂的時候,怎麼樣能讓自己不跟著亂?當很多人開始焦慮、恐懼的時候,怎樣保持穩定,做出對的決定?這時候,我們更需要「富能量」。

所以,寫完這本書後,我更確定一件事:

「富能量」是我們每個人在這個動盪年代,最該擁有的必備能量。

你越能保有富能量的狀態,越能處理生活大大小小繁瑣事,也越能在混亂中看見機會,也更能帶著身邊的人走出一條康莊之路。

很多人一直有夢,但從來沒有跨出那一步去實踐出來,久而久之就原地踏步,而別人已經跑到你看不到車尾燈了。

結語　擺脫負向，迎向富能量人生

　　這本書，能幫助你內在穩定、有方向，外在洞察、掌局勢。把夢想落地，把夢走成路，把願望變成真的人生。

掃碼 QR Code 輸入「從心啟動富能量思維」，
就有機會與陳炳宏老師面對面學習！

翻轉學 翻轉學系列 149

富能量思維
從負債千萬到億級事業，打造谷底翻身、持續成長的致勝系統

作　　　　者	陳炳宏
封 面 設 計	Dinner Illustration
內 文 排 版	黃雅芬
出版二部總編輯	林俊安

出　　版　　者	采實文化事業股份有限公司
執 行 副 總	張純鐘
業 務 發 行	張世明・林踏欣・林坤蓉・王貞玉
國 際 版 權	劉靜茹
印 務 採 購	曾玉霞・莊玉鳳
會 計 行 政	李韶婉・許俽瑀・張婕莛
法 律 顧 問	第一國際法律事務所　余淑杏律師
電 子 信 箱	acme@acmebook.com.tw
采 實 官 網	www.acmebook.com.tw
采 實 臉 書	www.facebook.com/acmebook01

Ｉ　Ｓ　Ｂ　Ｎ	978-626-431-007-9
	978-626-431-054-3（親簽版）
定　　　　價	500 元
初 版 一 刷	2025 年 7 月
劃 撥 帳 號	50148859
劃 撥 戶 名	采實文化事業股份有限公司
	104 台北市中山區南京東路二段 95 號 9 樓
	電話：(02)2511-9798　傳真：(02)2571-3298

國家圖書館出版品預行編目資料

富能量思維：從負債千萬到億級事業，打造谷底翻身、持續成長的致勝系統 / 陳炳宏著 .– 台北市：采實文化，2025.7
320 面；14.8×21 公分 . -- （翻轉學系列；149）
ISBN 978-626-431-007-9（平裝）
ISBN 978-626-431-054-3（平裝親簽版）

1.CST: 自我實現 2.CST: 生活指導 3.CST: 成功法

177.2　　　　　　　　　　　114005261
　　　　　　　　　　　　　114007548（親簽版）

采實出版集團
ACME PUBLISHING GROUP

版權所有，未經同意不得
重製、轉載、翻印